［総合保育双書4］

子育て支援の
いま と これから

～大阪府下の保育所・幼稚園での実態調査から～

大阪総合保育大学総合保育研究所 子育て支援プロジェクト 編著

ふくろう出版

総合保育双書の刊行に当たって

　大阪総合保育大学は、平成 18 年 4 月、保育士及び幼稚園・小学校教諭を養成する 4 年制大学として開学し、平成 22 年 4 月に、その後の保育・教育を取り巻く環境の著しい変化と多様化した諸課題に対応できる、より高度な専門的職業能力を備えた人材を養成するために、大学院修士課程を設置しました。翌年の 4 月には、保育に関する理論と実践を融合した総合的研究を推進し、本学及び城南学園付属校・園・センターとそれ以外の校・園の教職員並びに大学院生の研究・研修の場とするとともに、その成果を広く社会に発信して、保育の質的向上に寄与するために、総合保育研究所を設立しました。なお、平成 24 年 4 月には、「保育の質の向上」が謳われる現状に鑑み、より高度な専門性と独創性、豊かな人間性とともに、確かな実践的、臨床的視野を兼ね備えた保育・幼児教育の研究者を養成することが急務であると考え、博士後期課程を設置し、従来の修士課程を博士前期課程に名称変更しております。

　さて、本研究所は、本学の名称に掲げている「総合保育」に関する理論的、実践的研究の組織・推進、研究成果の発信・出版並びに「総合保育」関係資料の収集・整理を行うとともに、現職教職員や大学院生の研究・研修を支援し、さらに国際学術交流を推進することを主な事業としています。幸い、現在までにすでに 80 名を超える研究員・客員研究員の参加を得、六つの短期及び長期の共同研究プロジェクト－子育て支援、保育指導のプロセス研究、幼保一体化の課題と方向、乳児保育、絵本プロジェクト、幼児教育の国際比較－に分かれて、今日の保育・教育現場の課題に密着したテーマを追求し、徐々にその研究成果がまとまりつつあります。

　そこで、研究成果が一応のまとまりをみました共同研究班から順に、その成果を「総合保育双書」として刊行することにしました。本双書が我が国の保育の質的向上にいささかなりとも貢献できますことを願って止みません。

　最後に、本双書の刊行にあたり、中尾博城南学園理事長と中尾徹司常務理事の温かいご支援と玉置哲淳総合保育研究所副所長のたゆまぬご尽力をいただきましたことに深く感謝申し上げます。

平成 26 年 5 月 1 日
大阪総合保育大学
学長・総合保育研究所長
山崎　高哉

目 次

第1章 研究の目的
1. 子育て支援の研究プロジェクトが始まる ……………………… 2
2. なぜ3～4歳児の子育て支援なのか ……………………… 2
3. 調査の目的 ……………………… 3

第2章 大阪府の保育所・幼稚園の現状
1. 待機児童について ……………………… 6
2. 施設数について ……………………… 7
　　コラム　「0歳児クラスミーティング　その1」……………… 9
　　コラム　「0歳児クラスミーティング　その2」……………… 10

第3章 調査の方法と結果
1. 調査の方法 ……………………… 12
2. アンケート対象者全員に対する質問 ……………………… 14
　　コラム　公立幼稚園の現場から、子育て支援を考える
　　　　　　～保護者の不安や悩みに寄り添い、支える～ ……… 22
3. 子育て支援サービス利用者への質問 ……………………… 24
　　コラム　公立保育所の現場から見た子育て支援の現状、感想
　　　　　　「離乳食に関する支援」……………………… 40
4. 子育て支援サービスを利用していない方への質問 ………… 42
5. 自由記述 ……………………… 48
　　コラム　「学校・地域で子育て支援－安全に対する取り組み－」……… 50
6. 子育て支援活動責任者への質問 ……………………… 52
　　コラム　「子育て支援に果たす母子健康手帳の役割」………… 58

第4章 今後の取り組み
1. 総合的考察Ⅰ　保護者アンケートにみる子育て支援サービスの利用実態と利用ニーズ
　　　　　　－保育所・幼稚園の違いに着目して－ ………… 60

2. 総合的考察Ⅱ　アンケート調査からみる子育て支援サービスへの期待
　　　　　　　　　　－提供者と利用者の違いに着目して－ ………… 62
　　　　コラム　「お母さんと一緒に子育て」 ………………………… 64
　3. 今後に向けて ……………………………………………………… 66
　　　　コラム　「子育ち・子育て・大人育ち」 ……………………… 68

巻末資料
　1. 子育て支援サービス利用者への質問 …………………………… 72
　2. 子育て支援サービスを利用していない方への質問 …………… 82
　3. 子育て支援活動責任者への質問 ………………………………… 88

　　謝　辞 ……………………………………………………………… 90

第1章

研究の目的

1. 子育て支援の研究プロジェクトが始まる

　平成23年、大阪総合保育大学総合保育研究所が開設され、同時にその研究プロジェクトのひとつとして「3～4歳児の子育て支援プロジェクト」が創設されました。このプロジェクトでは、日本の保育所や幼稚園、子育て支援センター等で行われている子育て支援について、研究者と現場の教職員が協同しながら、その現状や今後のあり方について研究していくことを目的としています。現在の日本で行われている子育て支援の内容や課題に関しては、「保育所と地域が協働した子育て支援活動研究事業調査研究報告書」[1]や「幼稚園における子育て支援活動及び預かり保育の事例集」[2]等にまとめられています。一方、子育て支援の実践研究については、行われるようになってきているものの、まだその数は多くありません[3]。子育て支援に関する報告や事例集は実際に子育て支援の内容を考えていく上では貴重な資料となりますが、保育者と研究者がともに研究に取り組み知見を積み重ねていくことによって、今後の子育て支援のあるべき姿やそこに至る道筋の可能性が示されていくのではないかと考えられます。

2. なぜ3～4歳児の子育て支援なのか

　当プロジェクトの研究対象は、3～4歳児の子育てをしている家庭となっています。その意図は以下の通りです。①子どもの年齢によって子育て家庭の支援ニーズは異なると考えられ、子育て家庭のニーズと支援内容の適合性を高めていくためには、年齢ごとの支援について検討していくことが重要です。そこで、特定の年齢の子どもを持つ家庭の子育て支援に焦点を絞ることとします。②保育所と幼稚園の教職員が協同して研究に取り組めるよう、両施設に共通して在籍する年齢層の子どもの家庭を研究対象とします。③低年齢の子どもをもつ家庭ほど支援を必要としており、優先して研究を行うべきではないかと考えられます。そこで、まず3～4歳児の子育てをしている家庭を研究対象とします。

　3～4歳になると、ほとんどの子どもが保育所か幼稚園に在籍することになります。初めて集団生活に加わる子どもも多く、親子ともども生活が大きく変化する家庭もみられます。また、園に在籍すれば入園前よりも子育て支援サービスが受けやすくなるように考えられますが、実際に十分な支援が受けられているのかは明らかになっていません。

---

1) 全国社会福祉協議会「保育所と地域が協働した子育て支援活動研究事業調査研究報告書」2008年
2) 文部科学省「幼稚園における子育て支援活動及び預かり保育の事例集」2009年
3) 宮本知子・藤崎春代「我が国の保育所・幼稚園における子育て支援の実践および実践研究の動向」昭和女子大学生活心理研究所紀要 vol.16, 127-133, 2011年

3. 調査の目的

　実際にプロジェクトが開始され、最初の研究テーマを決定するための話し合いの中で、「現在行われている子育て支援活動は本当に保護者のニーズに沿ったものになっているのか」といった疑問や、「支援が必要であると考えられる保護者ほど支援の場には参加していない状況がある」といった問題意識が共有されていきました。そこで、①保護者は子育てに関してどんな支援ニーズを感じているのか、②現在提供されている子育て支援サービスをどのように受け止めているのか、③どのような経緯を経て子育て支援サービスを受けるようになったのかについての調査研究を行うことになりました。「支援が必要であると考えられる保護者ほど支援の場には参加していない状況がある」といった問題意識に関しては、ほんとうは直接そのような保護者への調査を行うことができればよいのですが、実際に調査を実現することは難しいと考えられます。そこで、まずは現在子育て支援の場に参加している保護者がそこに至るまでの過程を明らかにすることで、解決の手がかりが得られるのではないかと考えました。

　また、子育て支援サービス利用の実態やニーズについては、公立・私立、保育所・幼稚園で異なる部分もあると考えられます。施設の種別ごとに今後必要な支援を検討していくために、全ての種別の施設で調査を実施し、その比較分析についても行うこととしました。

☆ 本書の構成について

　これより後の章では調査研究の方法や結果、それに基づく考察が述べられていますが、その前に第2章として調査を行った大阪府下の保育所・幼稚園の現状について掲載しました。

第2章

大阪府の保育所・幼稚園の現状

1. 待機児童について [1]

> 保育所待機児童数はこの1年で2,084人減少

　厚生労働省の保育所関連状況取りまとめ（平成25年4月1日現在）によると、全国の保育所定員は2,290,000人で前年度より46,000人増加し、保育所利用児童数は2,219,581人で前年度より42,779人の増加となっています。そのため、この1年間で待機児童数は2,084人減少しています。また、特定市区町村（50人以上の待機児童がいて、児童福祉法で保育事業の供給体制の確保に関する計画を策定するよう義務付けられる市区町村）も前年から6市区町村減少し、101市区町村となっています。

> 保育所待機児童の82%が0～2歳の低年齢児　80%が都市に集中
> 大阪府は保育所待機児童を減らす努力をしているが681人の待機児童を抱えている
> 待機児童は低年齢児が多い

　全国の保育所利用率（全年齢児）は35.0%であり、その内、3歳未満児の利用率は26.2%と高い傾向がみられます。そして、保育所待機児童数の内、低年齢児（0～2歳）の占める割合は82.0%と非常に多くなっています。また、全待機児童の80.3%が、都市部（首都圏〔埼玉・千葉・東京・神奈川〕、近畿圏〔京都・大阪・兵庫〕及びその他の政令指定都市・中核都市）に集中しています。

　その中で大阪府の平成25年度の保育所数は592、定員は64,607人です。保育所利用児童数は前年に比べると1,286人増加していますが、待機児童数は、681人となっています。（保育所の定員増加は756人、前年比での定員増加は160人です。これは、全国で定員数が100人以上増加した地方自治体136の内、多い順の67位となります。）

　待機児童数が多く、保育計画を策定する市区町村は、全国では101ありますが、その内大阪府内では大阪市（待機児童数が多い順で15位：287人）、東大阪市（25位：230人）、吹田市（49位：133人）、茨木市（53位：126人）、八尾市（73位：87人）、豊中市（83位：75人）、堺市（92位：62人）、高槻市（96位：55人）があります。また、待機児童数が減少した全国194市区町村の内、大阪市は7位（377人前年比減）、堺市は8位（395人減）となっています。

　大阪府が都市部であることから、全国と同様に低年齢児の待機児童数が多い現状がみられます。しかしながら、定員を増やす対策が取られ、少しずつではありますが待機児童は減っているといえます。

---

[1] 保育所施設数、保育所定員及び保育所利用児童数、待機児童数は、2013年11月15日厚生労働省雇用均等・児童家庭局保育課 http://mobile.mhlw.go.jp/info/koyokinto/branch01.html#07 　による。

2. 施設数について[2]

> 大阪府は全国に比べて幼稚園の数が多い（保育所の約1.2倍）
> 大阪府は全国に比べて公立保育所が少ない（公立の2.2倍の私立園）

次ページに全国および大阪府の公立・私立、保育所・幼稚園の総数を示しました。

全国の公私立保育所と幼稚園の総数を比較してみると、保育所が21,751園、幼稚園が21,367園となっており、大きく捉えればほぼ同数ということができます。全国の保育所と幼稚園に対して、大阪府の特色を見てみましょう。大阪府の保育所数は1,048園、幼稚園数は1,213園、大阪府は、保育所より幼稚園が1.2倍の数となっています。

次に全国の保育所と幼稚園の公立・私立の比較をしてみると、全国の公立保育所と私立保育所の比較では、公立保育所が9,487園、私立保育所が12,264園で、公立よりも私立保育所が多く、約1.3倍です。逆に幼稚園では公立幼稚園が13,170園、私立幼稚園が8,197園と、公立幼稚園の約0.6倍が私立幼稚園であることから、公立幼稚園の方が多いといえます。では、大阪府はどうでしょうか。大阪府の公立保育所は335園、私立保育所が713園となっていますので、大阪府でも公立保育所よりも私立保育所が約2.2倍と多いといえます。しかしながら、幼稚園では公立幼稚園が780園、私立幼稚園が433園であることから、公立幼稚園の約0.8倍が私立幼稚園と、公立幼稚園の方が多いことがわかります。

これらのことから、全国の保育所・幼稚園と大阪府の保育所・幼稚園の比較における大阪府の特徴をあげれば、全国では、保育所と幼稚園数がほぼ同じであるのに対して、大阪府は保育所よりも幼稚園数が約1.2倍と多いといえます。そして、公立・私立の比較では、幼稚園においては全国と大差が見られないが、保育所においては、全国と同様の傾向を示しながらも特に公立保育所の少なさが目立つということができます。

---

[2] 保育所数は2013年11月15日の厚生労働省・社会福祉施設統計係電話取材による。
幼稚園数は、2013年11月15日インターネット閲覧
http://www.toukei.metro.tokyo.jp/gakkou/gk-index.htm 文部科学省平成24年度学校教育調査による。

表2-1. 大阪府の公私立保育所・幼稚園施設数の割合（全国平均との比較）

（単位：園）

全国	保育所	21,751	公 立	9,487
			私 立	12,264
	幼稚園	21,267	国 公 立	13,170
			私 立	8,197
大阪府	保育所	1,048	公 立	335
			私 立	713
	幼稚園	1,213	国 公 立	780
			私 立	433

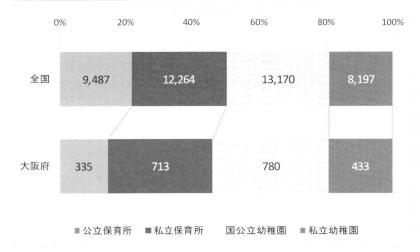

図2-1. 大阪府の公私立保育所・幼稚園施設数の割合（全国平均との比較）

第2章　大阪府の保育所・幼稚園の現状

コラム　「0歳児クラスミーティング　その1」

私立保育園の現場から

　ここはとある保育園の0歳児保育室。4名の赤ちゃんが頭を突き合わせて何やらモニョモニョとお話しています。定例のクラスミーティングの時間、今日の議題は"増税"について。どれどれ、どんなことを話しているのかな？

O次郎：「なあ、みんな。消費税が8％になったん、知ってますか？」

U　香：「ええ、知ってるわ。ママ、スーパーが便乗値上げしてるって怒ってたわ。」

I　子：「次、消費税が10％になったら、"子ども・子育て支援新制度"とかで、子どものためになるように使われるって、ニュースでゆうた。」

U　香：「それって、どういうことかしら？」

K　太：「僕も聞いた。保育園の先生、給料安いけど、子どものためにめっちゃ頑張ってるって。頑張り過ぎてしんどなって、やめる先生が多くて、平均勤続年数7年ちょっとやねんて。僕らの命を預かる責任の重さとつりあってないって。せやから、責任と働きに見合った処遇に改善することが必要やねんて、父ちゃんゆうとった。あっ、処遇の改善て、せめて働きに見合った給料にすることや有給休暇をとりやすくすることやで。」

U　香：「ふうん、そうなの。」

O次郎：「今の0歳児クラスは、子ども3人に対して先生1人の配置やけど、来年度1歳児クラスになったら、子ども6人に対して先生1人やって、お姉ちゃん言ってました。お姉ちゃんが1歳の時は、5人に1人やったけど。」

I　子：「えー、先生は私らの昼間のお母さんやのに、六つ子のお母さんてしんどない？まだまだ食事や排泄で、先生のお世話になるやろし、イヤイヤ期になって先生のこと困らせるやろし、つい手が出たり、噛んだりする子もおるやろし…。」

O次郎：「それにお姉ちゃん、今年3歳児クラスになって、子どもが20人に対して先生1人（※）やから、大変やでって言ってました。この前まで2歳児クラスやったから、子ども6人に対して先生1人やったのに…って。国の配置基準、せめて、子ども15人に先生1人にしてもらいたいです。」

K　太：「子どものこと決めるのに、子どもの代表を議会とかに送られへんのが痛いなあ。」

U　香：「せめて、パパ・ママや先生に代弁してもらわなくっちゃ。」

K　太：「せやなあ。僕らが大人になってからでは遅いねん。」

I　子：「言いたいことは、山ほどあるけど、今回はこのくらいにしとこか…。」

※原稿執筆（2014年）当時

コラム 「0歳児クラスミーティング その2」

　またまた、とある保育園の0歳児保育室。途中入園のJ君、C恵ちゃんが加わり、6名のクラスとなりました。定例のクラスミーティングの時間です。今日の議題は、何でしょうか？

O次郎：「はーい。ミーティング始めます。今日は、"保育園の現状"についてです。何か、気になってることありますか？」

K　太：「病児保育を拡充するって聞いたけど、それって、大人の都合やん。病気でしんどい時くらい、母ちゃんか父ちゃんに仕事休んでもらって、誰にも気遣わんと家でゆっくり養生したいなあ。」

I　子：「ほんまや。病気でしんどい子どもを預ける制度じゃなくて、親が安心して仕事を休める制度にしてほしいな。お兄ちゃんが小さい時、よう熱出して仕事休むからって、お母ちゃん、前のパートの仕事、くびになったんやて。」

U　香：「赤ちゃんなのに、こんなに長い時間預けられる国って、あんまりないそうよ。ママや先生の労働時間より、もっと長い時間保育園に預けられてるって、分かってほしいわ。」

J　　：「僕のダディーの国では、父親の育児休業や育児による時短勤務をみんな当たり前に取ってるって聞いたで。残業もないから、夕食は家族みんなで食べるし、夏の休暇は、1か月くらいゆっくりできるねんて。」

I　子：「少子化やのに、この国はもっと子どもを大事にせな‥って、お兄ちゃんゆうとった。子どもは、国の宝やって、どっかの偉い人ゆうてるって。」

U　香：「私は、牛乳と卵のアレルギーがあるの。給食室で代替や除去の離乳食を用意してもらってるの。お手数かけて、申し訳ないってママが言ってたわ。」

K　太：「アレルギーは命にかかわることやから、気を付けてもらわなな。大きい組さんには、この前アナフィラキシーショックになったお兄ちゃんがおって、先生がエピペン注射を預かってるんやて。」

J　　：「そうなったら、保育園にも看護師さんにいてほしいなあ。」

O次郎：「C恵ちゃん、わからんことあったら何でもきいて下さいね。じゅあ、今日は終了。次回の議題は"地域子育て支援"です。」

　子どもが人生の土台造りの大切な時期を過ごす場所、保育園。保育園は子ども達の今日の幸せのため、未来の幸せのため、子どもの育ちを支援すると共に、保護者の子育てを応援しています。

第 3 章

調査の方法と結果

1. 調査の方法

（1）調査対象

　大阪府下の公立および私立の保育所、幼稚園24園に在籍する園児の保護者、もしくは在籍はしていないけれど子育て支援サービスのみを実際に利用した保護者と、各園の子育て支援サービス責任者を対象に調査を実施しました。

　本研究の調査対象となる保育所、幼稚園の選考については、自治体と私立園団体の事務局を通して対象となる施設を任意に選定してもらい、計24園を調査対象としました。なお、対象施設の内訳は、公立保育所8園、公立幼稚園10園、私立保育園6園、私立幼稚園3園です。

（2）実施方法

　調査用紙を各保育所、幼稚園に郵送し、保護者には各園を通して直接配布しました。なお、質問項目については実施園の教職員のチェックを受けた上で実施しました。回収も各園で行い、子育て支援責任者の回答とともに返信用封筒で返送する方法をとりました。本調査研究に理解を得た保護者より、541名の回答がありました（回収率64.4％）。また子育て支援サービス責任者については、18園から回答を得ました。

（3）調査期間

　すべての調査用紙は、平成24年7月から8月末までに発送・回収しました。

（4）調査内容

　大阪総合保育大学総合保育研究所研究員の所属する保育所、幼稚園の責任者と在籍児の保護者から得た予備調査結果をもとに、調査項目の検討を行い、本調査用紙を作成しました。

　回答は、原則選択回答式であり、一部の内容は自由記述式での回答でした。

1）保護者用調査用紙

①基本属性：保護者の年齢、性別、職業、家族構成、子育てに関する相談のできる相手、本調査用紙を受け取った園（園の所在市町村）、子育て支援サービス利用の有無について質問しました。

②子育て支援サービス利用者への質問：利用している子育て支援サービスの内容、当サービスを知った経路、当サービス利用の決め手、継続利用の理由、未利用者が利用に至るために必要なこと、他園・施設での子育て支援サービス利用などについて質問しました。

③子育て支援サービス未利用者への質問：未利用の理由、利用したい子育て支援サービス、他園・施設での子育て支援サービス利用の有無と利用サービスの内容に

ついて質問しました。

2）子育て支援サービス責任者用調査用紙
①基本属性：所属園の区分（公立保育所・公立幼稚園・私立保育所・私立幼稚園の別）、所在地について質問しました。

②実施している子育て支援サービス：実施サービス内容、実施サービスの特色、利用者増のための取り組み、3〜4歳児の保護者に必要な子育て支援サービスについて質問しました。

（5）分析方法

保護者用調査用紙の質問1〜4と子育て支援サービス責任者用紙の質問1については、単純集計をもとにそれぞれの基本属性を示しました。また子育て支援についての具体的な質問項目については、単純集計とクロス集計によって結果を示しました。クロス集計については、検定が可能なデータではカイ二乗検定および残差分析を行いました。有意水準は5％としました。なお、カイ二乗値は巻末資料のページに掲載しています。

また、複数回答や無回答などの無効となる回答は項目ごとに欠損値として処理しました。

自由記述については、記入内容の概要をまとめたうえで記載しました。

2. アンケート対象者全員に対する質問

質問 1
　回答者ご本人について、ご記入ください。

　①年齢：＿＿＿＿＿歳
　②性別：　男　・　女　（○をつけてください）
　③職業：　主婦・主夫　正社員　パート　その他（○をつけてください）

回答者全体の傾向（図 3-1）

①年齢
　回答者 541 名の平均年齢は 34.8 歳でした（最年少 21 歳、最年長 58 歳）。本アンケートは、「ご家庭の中で、主として子育てに携わっておられる方（日常生活でお子さんと一番長く接している方）」に回答をお願いしたものですが、この平均年齢から回答者は子どもの親が多いものと推測されます。

②性別
　回答者の 95％とほとんどが女性という結果となりました。「①年齢」の結果もふまえると、公立・私立の保育所・幼稚園いずれにおいても、子育ての中心的な担い手は「母親」という現実を反映したものといえるでしょう。

③職業
　回答者の職業は、47％と全体の半数程度が「主婦・主夫」という結果でした。次に、「正社員」「パート」がそれぞれ 24％、20％とほぼ同程度の割合で続きました。「主婦・主夫」や「パート」の割合が高いことについては、上で述べた通り、回答者のほとんどが女性であることによるものと推測されます。

第3章　調査の方法と結果

選択肢	度数
男	18
女	513
欠損値	10
合計	541

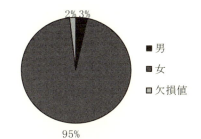

選択肢	度数
主婦・主夫	252
正社員	132
パート	111
その他	14
欠損値	32
合計	541

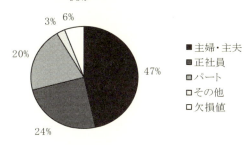

図 3-1. 回答者の性別・職業

公立・私立、保育所・幼稚園での比較（図 3-2）

③職業

　回答者の職業については、保育所では「正社員」「パート」が8割前後を占めましたが、幼稚園では「主婦・主夫」が8割前後と、まったく逆の結果となりました。まさに「保育に欠ける」子どもを養育する場としての保育所と、子どもに教育を行う学校としての幼稚園という根本的な機能の差を反映した結果といえるでしょう。

選択肢	主婦・主夫	正社員	パート	その他	合計
公立保育所	15	68	47	4	134
公立幼稚園	97	9	11	1	118
私立保育所	21	38	30	5	94
私立幼稚園	114	14	20	4	152
合計	247	129	108	14	498

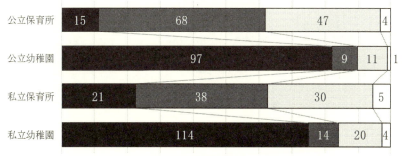

図 3-2. 回答者の職業

> **質問 2**
>
> 同居のご家族の家族構成について、あてはまる箇所に○や数字をご記入ください（回答者ご本人も含みます）。
>
> 〈選択肢〉
> a：父
> b：母
> c：子（　　　名）
> 　内訳：平成 19 年 3 月以前に出生（　　　名）
> 　　　　平成 19 年 4 月〜平成 20 年 3 月に出生（　　　名）
> 　　　　平成 20 年 4 月以降に出生（　　　名）
> d：祖父（　　　名）
> e：祖母（　　　名）
> f：その他

回答者全体の傾向（図 3-3）

　父親がいないとする家庭が 10％、母親がいないとする家庭が 4％となっており、ひとり親家庭が一定程度存在していることが確認できます。また、祖父母についてはいないとする家庭が 96％にものぼっており、回答者の家庭のほとんどは核家族であると推測されます。子どもの人数は平均 1.9 人で、兄弟姉妹のいる家庭が多い結果となっています。

選択肢	父	母	その他
いる	476	510	8
いない	54	19	521
欠損値	11	12	12
合計	541	541	541

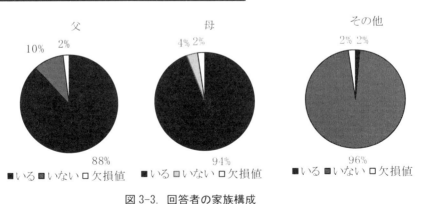

図 3-3．回答者の家族構成

第 3 章　調査の方法と結果

> **質問3**
> 日常生活の中で子育てに関する相談ができる相手として、あてはまるものの記号に○をつけてください。いくつでもかまいません。
>
> 〈選択肢〉
> a：配偶者
> b：自分の親
> c：配偶者の親
> d：a〜c以外の親族
> e：友人
> f：園の職員
> g：園外の相談サービス
> h：その他

回答者全体の傾向（図3-4）

　最も多かったのは順に「配偶者」「自分の親」「友人」であり、いずれも80%前後を占めています。次いで、「園の職員」「配偶者の親」がそれぞれ37%、31%と一定程度の割合を示しています。

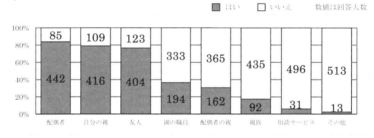

図3-4. 子育てに関する相談相手

公立・私立、保育所・幼稚園での比較（図3-5）

　保育所・幼稚園による相談相手の違いとして特に注目されるのは、「園の職員」です。全体として保育所では「園の職員」に相談する人の割合が高く、幼稚園では低くなっています（いずれも特に私立でその傾向が顕著でした）。

　この結果については、保育所では特に乳児クラスの場合、必然的に職員との日々のやり取りが増えるため、相談相手になりやすいことなどが推測できます。他方、幼稚園では、送迎に専用バスが使われることも多いため、職員との日常的な交流機会ともいえる同時間帯に接点が持ちにくいことなどが考えられます。

第3章 調査の方法と結果

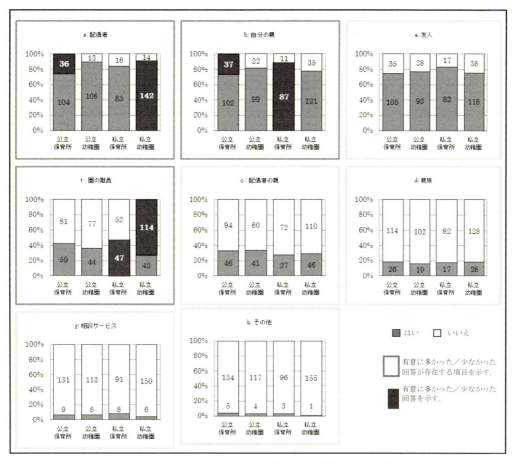

図3-5. 質問3　公立・私立、保育所・幼稚園での比較

質問4
このアンケートはどの園で受け取りましたか？あてはまるものの記号に<u>1つ</u>〇をつけてください。

〈選択肢〉
a：公立保育所
b：公立幼稚園
c：私立保育所
d：私立幼稚園

回答者全体の傾向（図 3-6）

アンケートを受け取った園としては、私立幼稚園が29％と最も多く、私立保育所が18％と最も少ない結果でした。次の質問5の回答と照らし合わせると、ほとんどが、子どもが在園している場所で受け取っているものと考えられます。

選択肢	度数
公立保育所	140
公立幼稚園	121
私立保育所	99
私立幼稚園	157
欠損値	24
合計	541

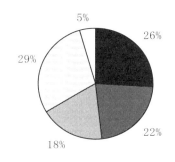

図 3-6．アンケートを受け取った園

> **質問5**
>
> このアンケートを受け取った園の利用方法について、あてはまるものの記号に<u>1つ</u>、〇をつけてください。
>
> 〈選択肢〉
> a：子どもが在園しており、かつ子育て支援サービスも利用している
> b：子どもは在園しているが、子育て支援サービスは利用していない
> c：子どもは在園していないが、子育て支援サービスは利用している

回答者全体の傾向（図 3-7）

「子どもは在園しているが、子育て支援サービスは利用していない」とする人が 56％と最も多く、「子どもが在園しており、かつ子育て支援サービスも利用している」とする人が 42％と続く結果でした。逆に、「子どもは在園していないが、子育て支援サービスは利用している」との回答は 2％とほとんどなく、子育て支援サービスを利用するにあたって最も鍵となるのは「子どもの在園」であることが確認できます。

公立・私立、保育所・幼稚園での比較（図 3-7）

全体として、子育て支援サービスを利用している人の割合は、保育所よりも幼稚園の方が 2 割ほど多い結果でした。これについては、幼稚園ではそもそも子どもの在園時間が短いことや、回答者（多くは子どもの母親）が「主婦・主夫」として子どものそばにいることが多いことなどから、プラスアルファのサービスを求めて利用する傾向が高いものと推測されます。詳しくは後の設問で分析します。

選択肢	公立保育所	公立幼稚園	私立保育所	私立幼稚園	合計
両方利用	40	63	36	76	215
在園のみ	90	56	60	81	287
サービスのみ	8	1	3	0	12
合計	138	120	99	157	514

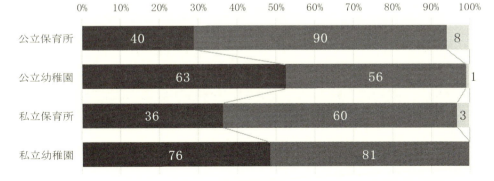

図 3-7. 園の利用方法

コラム　公立幼稚園の現場から、子育て支援を考える
〜保護者の不安や悩みに寄り添い、支える〜

本園では、毎日、保護者が園児の送り迎えをしており、日常的に保護者の相談を聞いたり、子どもの様子を伝えたりしながら、継続した支援を行っています。

「一人で遊ぶのが好きなようですが、大丈夫でしょうか」「動き回って落ち着きがないように思います」「片付けや身の回りのことをきちんとしてほしいのに、全然できません。お姉ちゃんはできていたのに」・・など子どもの様子に対して子育てに悩んでいることが伺えます。

そこで、まずは、保護者の話を十分に聞き、家庭での様子や子どもの背景を知ると共に、「今日、こんなことを一生懸命頑張っていましたよ」「友達にやさしい言葉をかけて一緒に手伝っていましたよ」とその日の子どもの姿を知らせるなどして、他と比べるのではなく、その子どものよい所や個々の特性があること等を伝え、安心して、ゆったりと子どもに向き合ってもらえるように働きかけをしています。

また、関係機関につなげる支援が必要と考えられる場合は、保護者の思いに寄り添いながら、連携の橋渡しにも努めています。

毎日の園生活の中で、いつでも、気軽に、話しかけられる信頼関係を築いていくことが大切であり、その関係性の中でこそ、子育てや家庭での悩みも本音で話ができるのではないかと思います。

家庭のことには、入り込めませんし、解決できるというものではないと思いますが、保護者の方も自分の思いや悩みを聞いてくれる人を必要としているということを感じます。

話を聞くことで、保護者のしんどさやその中で精一杯奮闘し頑張っていることを受け止めることが、保護者の気持ちの安心安定となり、子どもを温かくゆったりとした気持ちで見つめることにつながります。

保護者も様々な悩みやストレスを抱えています。保護者の思いを理解し、時には共感することで、保護者の気持ちを楽にし、毎日子どもと笑顔で過ごし、子育ては決して楽ではないが、その中に楽しさがあると実感できるようにすることが子育て支援だと考えます。

家庭の教育力向上につなげていく意味でも、保護者に寄り添い、保護者自身が子育てを通して、子どもと共に育ち、「親」となっていくことを支えること等、子育て支援において果たす役割は非常に大きいと痛感しています。

これからも、日々保護者と接する中で、一緒に悩み、一緒に考えながら、共に成長を喜び合えるような信頼関係を作っていけるようにしたいと思います。

第3章　調査の方法と結果

3. 子育て支援サービス利用者への質問

> **質問 a6**
> このアンケートを受け取った園で、どのような子育て支援サービスを利用していますか？
> あてはまるものの記号に〇をつけてください。いくつでもかまいません。
>
> ＜選択肢＞
> a：正規時間外の預かり保育（事前に登録や申請をするもの。時間外保育、延長保育、早朝保育など）
> b：保護者の病気等、一時的に家庭での子育てが困難になったときの保育（臨時に申し込むもの。一時保育、臨時保育など）
> c：子育てに関する相談、助言（育児相談、カウンセリングなど）
> d：地域の子どもや保護者が交流を行う場所や機会の提供（子育て広場、園庭開放、イベントなど）
> e：子育てに関する知識や情報の提供（子育て講座、講演会など）
> f：保護者を対象とした子育て以外の内容の講座（託児のある趣味の講座など）
> g：その他

回答者全体の傾向（図3-8）

　最も多く利用されていたのは「正規時間外の預かり保育」で、全体の78％の回答者が利用していました。次に多かったのが「地域の子どもや保護者が交流を行う場所や機会の提供」で、28％の回答者が利用していました。「子育てに関する相談、助言」「子育てに関する知識や情報の提供」がそれに続き、「保護者の病気等、一時的に家庭での子育てが困難になったときの保育」「保護者を対象とした子育て以外の内容の講座」の利用は少ないという結果でした。

　この結果から、利用者としてはまず子どもを長く預かってほしいというニーズがあると考えられます。また、子育て支援活動として他の保護者や子どもと交流する場所・機会の提供は広く行われており、利用者も多いようです。「子育てに関する相談、助言」については、ニーズはあっても、申し込みをして相談となると敷居が高いと感じる、という心理があるのかもしれません。「子育てに関する知識や情報の提供」「保護者の病気等、一時的に家庭での子育てが困難になったときの保育」「保護者を対象とした子育て以外の内容の講座」については、実施していない園もあるため、利用者は少ないという結果になったのではないかと考えられます。

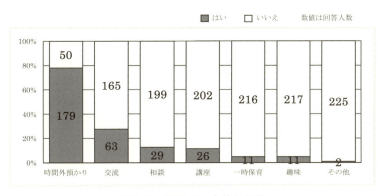

図 3-8. 質問 a6　全体の傾向

公立・私立、保育所・幼稚園での比較（図 3-9）

「正規時間外の預かり保育」では、公立保育所の利用者が少ないという結果でした。公立保育所では、他に比べて正規の保育時間内の預かりで一定のニーズを満たせている可能性が考えられます。

「地域の子どもや保護者が交流を行う場所や機会の提供」では、私立保育所の利用者が少ないという結果でした。保育園児の保護者は日中仕事をしていることが多いため、こういった場所・機会は利用しづらいと推測できます。

「子育てに関する相談、助言」については、公立保育所で多く、私立保育所で少ないという結果でした。質問3では、私立保育所で職員を相談相手としている人が多かったため、結果が一致していません。これについては、回答者が日常会話の中での「相談」と"子育て支援サービス"としての「相談」を異なるものとして捉えていたせいかもしれません。

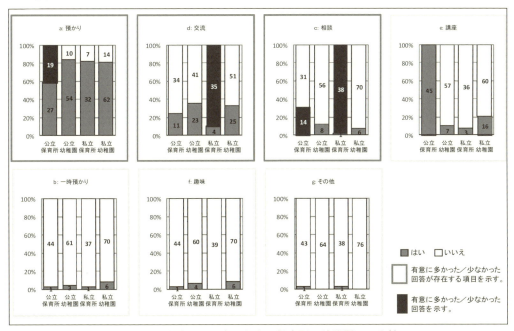

図 3-9. 質問 a6　公立・私立、保育所・幼稚園での比較

> **質問 a7**
> 子育て支援サービスを利用しはじめる前は、どの程度「利用したい」という気持ちがありましたか?利用したいという気持ちの<u>程度</u>がどうであったか、最も近いものの記号に<u>1つ</u>、○をつけてください。
>
> <選択肢>
> a:利用したいと強く思っていた、利用できるサービスを探していた
> b:利用したいと思ってはいたが、自発的に探してはいなかった
> c:なんとなく利用しはじめたが、利用してみてこれからも利用したいと感じた
> d:なんとなく利用しはじめて、現在もその流れで利用しているだけ
> e:そのようなサービスは利用しなくてよいと思っていた

回答者全体の傾向(図 3-10)

最も多かった回答は「利用したいと強く思っていた、利用できるサービスを探していた」で、全体の 47%でした。次に多かったのは「なんとなく利用しはじめたが、利用してみてこれからも利用したいと感じた」で、全体の 26%でした。それに続いたのが「利用したいと思ってはいたが、自発的に探してはいなかった」で、全体の 21%でした。「なんとなく利用しはじめて、現在もその流れで利用しているだけ」「そのようなサービスは利用しなくてよいと思っていた」という回答は少ないという結果でした。

この結果から、利用者の 68%が事前に子育て支援サービスを利用する必要性を感じており、現代の多くの養育者が子育て支援を求めていることがわかります。一方で、事前にはあまり必要性を感じていなかったが、利用してみてその必要性を感じたという回答者も一定数いたことがわかりました。これは、後述するように保育所・幼稚園の違いによるところが大きいと考えられます。

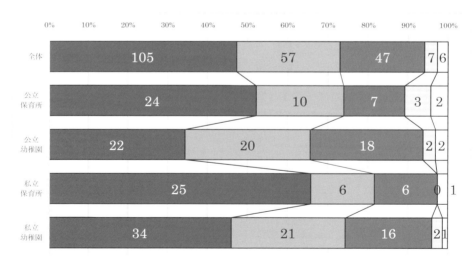

図 3-10. 質問 a7 全体の傾向

公立・私立、保育所・幼稚園での比較（図3-11）

　保育所の利用者は、公立・私立とも「利用したいと強く思っていた、利用できるサービスを探していた」という回答が半数以上であり、就労と子育ての両立等の事情からサービスを強く求めていたことが推測できます。

　一方、幼稚園の利用者は公立・私立とも「利用したいと強く思っていた、利用できるサービスを探していた」という回答が一番多かったものの、公立34%・私立46%と半数には至っていませんでした。保育所に比べると「利用したいと思ってはいたが、自発的に探してはいなかった」「なんとなく利用しはじめたが、利用してみてこれからも利用したいと感じた」という回答も多く、事前に必要性を強く感じていたグループと、利用してみてその必要性を感じたグループに分かれていたようです。幼稚園の保護者は就労と子育ての両立という課題が少ない分、保育所に比べると事前の必要性を感じる人が少なかったのかもしれません。

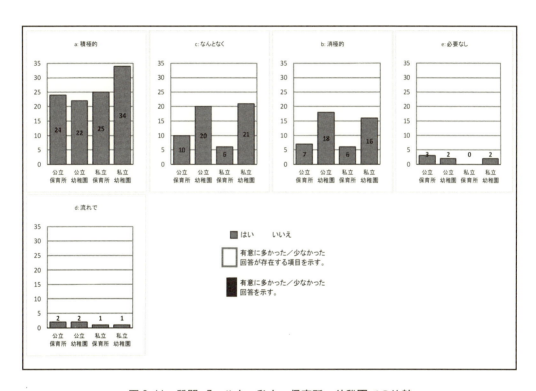

図3-11. 質問a7　公立・私立、保育所・幼稚園での比較

質問 a8
　質問 a7 で a、b に○をつけた方のみにお聞きします。なぜ子育て支援サービスを利用したいと感じていましたか？あてはまるものの記号に○をつけてください。いくつでもかまいません。

　＜選択肢＞
　a：仕事をするために必要だったから
　b：子どもを預けられる人が少なかったから
　c：子育てについて相談できる相手が少なかったから
　d：他の保護者や子どもと交流する機会が少なかったから
　e：子どもに家ではできない体験をさせたかったから
　f：子どもが行きたいと言ったから、喜ぶから
　g：子育てに関する知識や情報を得たかったから
　h：子どもから離れて一息つける機会が欲しかったから
　i：子育て以外の面でも自分の知識・教養・経験を深めたかったから
　j：その他

回答者全体の傾向（図 3-12）

　最も多かった回答は「仕事をするために必要だったから」で、全体の 55％が回答していました。次に多かったのが「子どもを預けられる人が少なかったから」で、38％の回答者が該当していました。「子どもに家ではできない体験をさせたかったから」「子どもから離れて一息つける機会が欲しかったから」「子どもが行きたいと言ったから、喜ぶから」がそれに続き、「子育てに関する知識や情報を得たかったから」「子育て以外の面でも自分の知識・教養・経験を深めたかったから」「子育てについて相談できる相手が少なかったから」という回答は少ないという結果でした。

　この結果から、利用者としてはまず就労のために子どもを預かってほしいというニーズがあると考えられます。その次には、養育者自身や子どもに家庭だけでは得づらい経験・時間を確保したいというニーズがあるようです。一方で、子育て支援に関して養育者自身が親や人間として成長する、もしくは相談にのってもらうという意識はあまり高くないようでした。

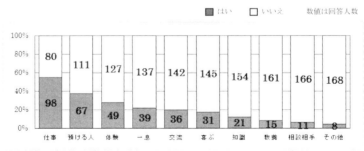

図 3-12．質問 a8　全体の傾向

公立・私立、保育所・幼稚園での比較（図 3-13）

「仕事をするために必要だったから」では、公立および私立保育所の利用者の回答が多く、公立幼稚園の利用者の回答は少ないという結果でした。反対に、「子どもから離れて一息つける機会が欲しかったから」については公立幼稚園の利用者の回答が多く、公立および私立保育所の利用者の回答は少ないという結果でした。「子どもが行きたいと言ったから、喜ぶから」では、私立保育所の利用者の回答が少ないという結果でした。

以上の結果から、やはり保育所の保護者は自身の就労等の関係から預かりの必要性を強く感じていたことがわかります。一方、幼稚園の保護者は子どもから離れて一息つける時間を確保することで、より余裕をもって子育てに向き合えるようにしたいという、保育所の保護者とはまた異なるニーズを感じていることがうかがえます。

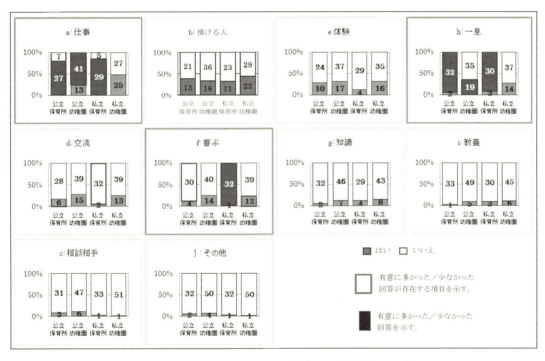

図 3-13. 質問 a8　公立・私立、保育所・幼稚園での比較

質問 a9

子育て支援サービスを受けるにあたって、この園を選択した理由は何ですか？あてはまるものの記号に○をつけてください。いくつでもかまいません。

＜選択肢＞
a：子どもが在籍している園だから
b：サービスの日時が都合に合うから
c：先生が信頼できるから
d：友人、知人も一緒だから
e：利用しやすい場所だから
f：利用しやすい料金だから、無料だから
g：子どもが喜ぶ、楽しめるから
h：サービス内容に魅力を感じたから
i：なんとなく
j：その他

回答者全体の傾向（図 3-14）

　最も多かった回答は「子どもが在籍している園だから」で、全体の 77％が回答していました。次に多かったのが「利用しやすい場所だから」「先生が信頼できるから」「子どもが喜ぶ、楽しめるから」といった回答でした。一方、「サービスの日時が都合に合うから」「友人、知人も一緒だから」「利用しやすい料金だから、無料だから」といった回答は比較的少数で、「サービス内容に魅力を感じたから」「なんとなく」という回答はごくわずかでした。
　この結果から、保護者としてはまず子どもの在籍園であったり場所が利用しやすかったりと、利便性を重視して園を選択していることが読みとれます。また、園のスタッフの信頼性や子どもが楽しんで行くことができるかという点も重視しているようです。料金や友人・知人の有無、なんとなくといった回答は少なく、保護者が主体的に子育て支援サービスについて吟味して園選択を行っていることがうかがわれる結果でした。

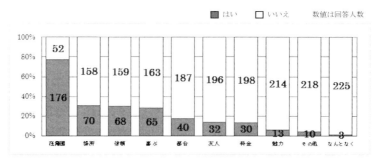

図 3-14．質問 a9　全体の傾向

公立・私立、保育所・幼稚園での比較（図3-15）

「子どもが喜ぶ、楽しめるから」では、保育所の利用者の回答が少なく、幼稚園の利用者の回答が多いという結果でした。質問a8の結果でみられたように、保育所の保護者はまず就労の関係から子育て支援サービスを求める人が多いのに対し、幼稚園の保護者は就労以外の自発的な動機から子育て支援サービスを求める人が多いと考えられるため、園の選択に際して子どもの経験というサービスの内容に関する観点についても吟味しているのかもしれません。また、公立保育所の利用者は「子どもが在籍している園だから」「先生が信頼できるから」という回答も少ないという結果でした。

「友人、知人も一緒だから」では、公立幼稚園の利用者の回答が多いという結果でした。保育所の保護者と比較すると、幼稚園の保護者は時間的な余裕から他の保護者と日常的に交流をとりやすいと考えられ、そこでの人間関係も園の選択に関わってくる要因になると推測できます。

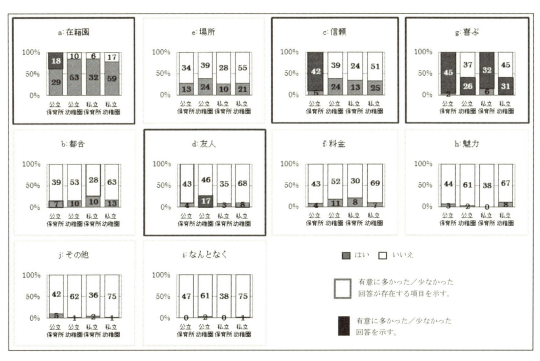

図3-15. 質問a9　公立・私立、保育所・幼稚園での比較

質問 a10
どのような経路でこの園の子育て支援サービスのことを知りましたか?あてはまるものの記号に○をつけてください。いくつでもかまいません。

<選択肢>
a:園の職員からの紹介、説明
b:園内の掲示や配布物
c:園のホームページ
d:園以外の機関の掲示や配布物
e:園のホームページ以外のインターネット情報
f:親族、友人、知人からの口コミ
g:その他

回答者全体の傾向（図 3-16）

最も多かった回答は「園の職員からの紹介、説明」で、全体の61%が回答していました。次に多かったのが「園内の掲示や配布物」で、32%の回答者が該当していました。「親族、友人、知人からの口コミ」がそれに続き、「園のホームページ」「園以外の機関の掲示や配布物」「園のホームページ以外のインターネット情報」という回答は少ないという結果でした。

この結果から、多くの保護者は園内での情報提供や口コミといった従来から存在する情報源から子育て支援サービスの情報を得ていることが示されました。近年のインターネットの普及から、園内外のサイトから情報を得ている保護者も多いのではないかと予測していましたが、情報入手の手段としてはまだ多くはないようです。また、自治体の役所など園以外の機関での掲示や配布物によって情報を得ていた人も多くはなく、まだまだ積極的な情報提供を行うことができる余地があると考えられます。

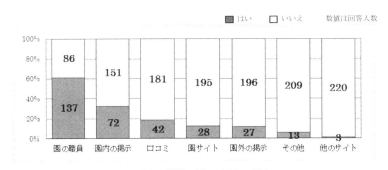

図 3-16. 質問 a10　全体の傾向

公立・私立、保育所・幼稚園での比較（図 3-17）

　公立幼稚園では「園の職員からの紹介、説明」の回答が多かったのに対し、公立保育所では「園の職員からの紹介、説明」「園内の掲示や配布物」の回答が少ないという結果でした。質問 a7 の結果でみられたように、利用前から子育て支援サービスの必要性を感じていることが多い保育所の保護者は、園に入所する前から既に情報を入手している人が多かったのかもしれません。

　私立幼稚園では、「園のホームページ」という回答が多いという結果でした。私立幼稚園では園児募集の必要性から積極的に情報発信を行っている園が多く、ホームページによる情報提供についても取り組みが進んでいることによると推測されます。

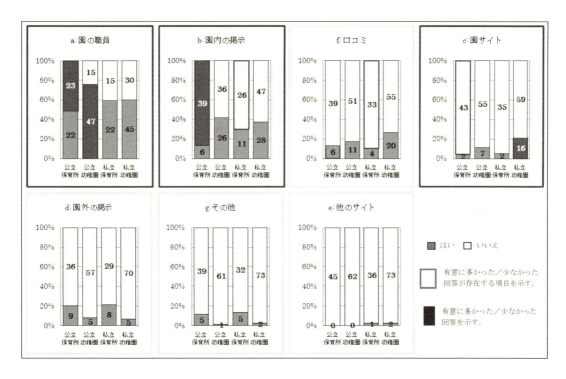

図 3-17．質問 a10　公立・私立、保育所・幼稚園での比較

> **質問 a11**
> 子育て支援サービスを2回以上利用されている方のみにお聞きします。継続して利用している理由は何ですか？あてはまるものの記号に○をつけてください。いくつでもかまいません。
>
> ＜選択肢＞
> a：子どもが在籍している園だから
> b：サービスの日時が都合に合うから
> c：先生が信頼できるから
> d：友人、知人も一緒だから
> e：利用しやすい場所だから
> f：利用しやすい料金だから、無料だから
> g：子どもが喜ぶ、楽しめるから
> h：サービス内容に魅力を感じたから
> i：なんとなく
> j：その他

回答者全体の傾向（図3-18）

　この質問に回答したのは201名の保護者で、回答者全体の89%でした。回答のうち、最も多かったのは「子どもが在籍している園だから」で、82%の回答者が該当していました。次に多かったのが「子どもが喜ぶ、楽しめるから」「先生が信頼できるから」で、それぞれ41%、38%の回答者が該当していました。「利用しやすい場所だから」「サービスの日時が都合に合うから」がそれに続きましたが、「利用しやすい料金だから、無料だから」「友人、知人も一緒だから」といった回答は比較的少数で、「サービス内容に魅力を感じたから」「なんとなく」という回答はわずかでした。

　この結果から、保護者が子育て支援サービスを継続して利用しようと考える要因としては、在籍園である利便性に加え、子どもの反応やスタッフの質が重視されていると考えられます。園の選択理由を尋ねた質問a9では、園の場所も選択数の多さで2番目と選択の大きな要因となっていましたが、この質問では4位と後退していました。つまり、利便性よりも子育て支援サービスを体験してみてわかった子どもの反応やスタッフの信頼性が継続の利用を左右すると考えられます。

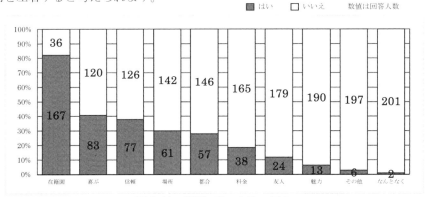

図3-18. 質問a11　全体の傾向

公立・私立、保育所・幼稚園での比較（図 3-19）

　質問 a9 と同様に、「子どもが喜ぶ、楽しめるから」では保育所の利用者の回答が少なく、公立幼稚園の利用者の回答が多いという結果でした。園の選択だけでなく、子育て支援サービスの利用の継続に関しても、保育所の保護者はまず就労の関係からサービスを必要としているため、幼稚園の保護者と比較すると就労以外の自発的な動機からサービスを求める人数が少ないと考えられます。反対に、就労以外の動機からサービスを求める幼稚園の保護者は、とくに子育て支援活動に参加してみて感じた子どもの反応を重視する傾向にあるのかもしれません。「先生が信頼できるから」において公立幼稚園の利用者の回答が多く、公立保育所の利用者の回答が少なかったのも、同様に質を重視する幼稚園の保護者の傾向が表れたと考えられます。また、「子どもが在籍している園だから」についても、公立の保育所・幼稚園で同じ違いがみられました。

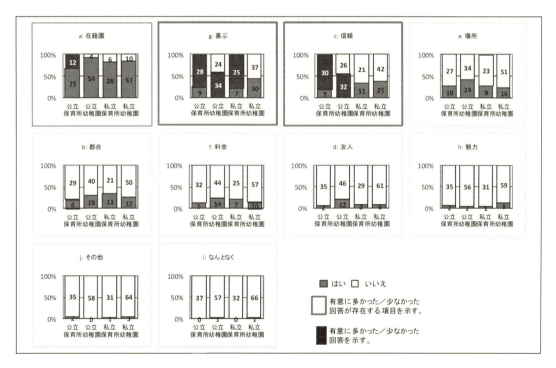

図 3-19. 質問 a11　公立・私立、保育所・幼稚園での比較

> **質問 a12**
> 利用している立場から見て、まだ子育て支援サービスを利用していない他の保護者の方にも利用してもらえるようにするためには、どのようなことが必要だと思いますか？あてはまるものの記号に○をつけてください。いくつでもかまいません。
> ＜選択肢＞
> a：サービスの日を増やす、時間を長くする
> b：保護者と先生との信頼関係をつくる機会を設ける
> c：保護者同士のつながりをもつ機会をつくる
> d：交通の便をよくする
> e：料金を利用しやすいものにする
> f：サービス内容をさらに充実させる
> g：サービスの情報提供をさらに積極的に行う
> h：行政がより積極的に子育て支援体制を整備する
> i：その他

回答者全体の傾向（図3-20）

　最も多かった回答は「料金を利用しやすいものにする」で、全体の50%が回答していました。次に多かったのが「サービスの日を増やす、時間を長くする」で、39%の回答者が該当していました。「行政がより積極的に子育て支援体制を整備する」「サービス内容をさらに充実させる」「サービスの情報提供をさらに積極的に行う」がそれに続き、「保護者と先生との信頼関係をつくる機会を設ける」「交通の便をよくする」「保護者同士のつながりをもつ機会をつくる」といった回答は少ないという結果でした。

　この結果から、保護者にとっては子育て支援サービスを利用する料金の負担が軽いものではないことがうかがえます。保護者は、限られた家計の中で利用したいサービスとかけられる費用とを勘案して、実際の利用を判断しているのでしょう。また、回答が二番目に多かったのが行政による体制整備に対する期待であり、社会として子育て支援の体制が整っていないと感じる保護者が多いことが示唆されました。一方、保護者とスタッフとの信頼関係や保護者同士のつながりについては回答が少なく、現状で十分であると満足しているか、もしくは利用増とはあまり関係しないと受け止めているのではないかと考えられます。

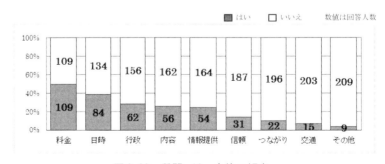

図3-20．質問a12　全体の傾向

公立・私立、保育所・幼稚園での比較（図 3-21）

　私立幼稚園では、「料金を利用しやすいものにする」という回答が多く、「サービスの情報提供をさらに積極的に行う」という回答は少ないという結果でした。私立幼稚園においては、園の特色として独自の子育て支援活動の取り組み行っている園もあり、その情報提供は活発に行われていると考えられます。一方で、料金がかかるサービスもあるため、保護者にとっては、利用はしたいが経済的な負担を感じやすいのかもしれません。

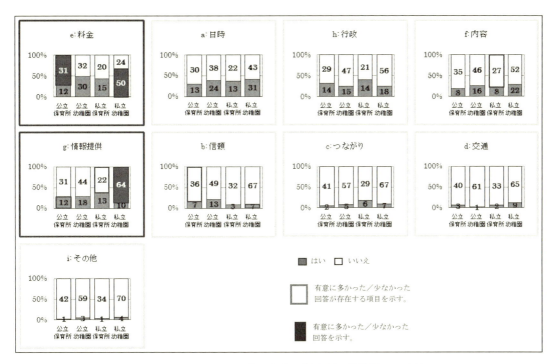

図 3-21. 質問 a12　公立・私立、保育所・幼稚園での比較

> **質問 a13**
> このアンケートを受け取った園以外でも子育て支援サービスを利用している方のみにお聞きします。どのような子育て支援サービスを利用していますか？あてはまるものの記号に○をつけてください。いくつでもかまいません。
> ＜選択肢＞
> a：正規時間外の預かり保育（事前に登録や申請をするもの。時間外保育、延長保育、早朝保育など）
> b：保護者の病気等、一時的に家庭での子育てが困難になったときの保育（臨時に申し込むもの。一時保育、臨時保育など）
> c：子育てに関する相談、助言（育児相談、カウンセリングなど）
> d：地域の子どもや保護者が交流を行う場所や機会の提供（子育て広場、園庭開放、イベントなど）
> e：子育てに関する知識や情報の提供（子育て講座、講演会など）
> f：保護者を対象とした子育て以外の内容の講座（託児のある趣味の講座など）
> g：その他

回答者全体の傾向（図 3-22）

　この質問に回答したのは 66 名で、全体の 29%の保護者がアンケートを受け取った園以外でも子育て支援サービスを利用していました。その中で最も多かった回答は「地域の子どもや保護者が交流を行う場所や機会の提供」で、回答者のうち 55%が該当していました。他には、少数ながら「正規時間外の預かり保育」「保護者の病気等、一時的に家庭での子育てが困難になったときの保育」「子育てに関する知識や情報の提供」「子育てに関する相談、助言」「保護者を対象とした子育て以外の内容の講座」を利用している保護者もみられました。

　この結果から、全体の 3 割程度の保護者が一つの園による子育て支援サービスのみでは不足している部分があると感じていると考えられます。子育て広場や園庭開放については、実施日が決まっていたり無料で利用できる日が限られていたりして、曜日ごとに数箇所の園を回っている保護者も存在するようです。このような利用の仕方はそれぞれの園で様々な人間関係をつくることができる長所もありますが、安定して継続的な信頼関係を結ぶのには向いていないと考えられます。

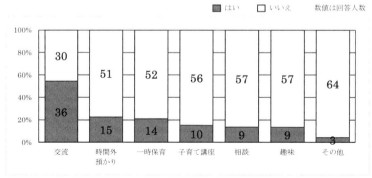

図 3-22. 質問 a13　全体の傾向

公立・私立、保育所・幼稚園での比較（図3-23）

　この設問では、公立・私立、保育所・幼稚園による違いはあまりみられませんでした。アンケートを受け取った園以外の場所にも出向くには、保護者にそれだけの動機づけが必要であると考えられますが、園の種別というよりは個々の保護者の様々な事情によってその動機づけが生まれていると推測されます。どの園であっても、一つの園による子育て支援サービスのみでは、全ての保護者のニーズは満たしきれていない現状を表しているともいえるかもしれません。

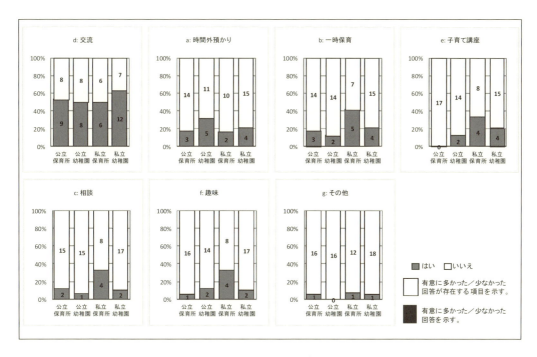

図3-23. 質問a13　公立・私立、保育所・幼稚園での比較

コラム　公立保育所の現場から見た子育て支援の現状、感想
「離乳食に関する支援」

　中規模都市であるI市のO保育所では、子育て支援活動のひとつとして離乳食に関する支援を行っています。若いお母さん方の多くは、離乳食の作り方や食べさせ方に悩んでおられ、「保育所の献立や調理方法を教えてください」との要望も多く聞かれます。そこで、調理師と協力しながら、保育所の子ども達が食べている離乳食や普通食も（有料ですが）食べて頂いています。

　離乳食担当は調理師1名と調理補助1名で、季節にあった食材を使い離乳食を作ります。離乳食の体験をされるお子様については、担当調理師が事前にお子様の月齢と家庭での食材や食事の進め方を聞き、お子様の発達に合った離乳食を提供しています。特に人気のメニューは、調味料は使わず、野菜の旨みを生かしたメニューです。例えば、牛乳を少し加えたシチューや野菜スープ、スティック状に切った野菜など簡単メニューが人気です。アレルギーのお子様には特に気をつけており、他のお子様とは給食内容が異なります。調理師が本日の食材や調味料について説明し、安全、安心な給食は大人気です。また、「作り方を教えてください」の声に応えてレシピを差し上げています。

　体験者の声からは、「お家で食べる時とは違い、子どもがみんなと食べることを喜び、いつもよりよく食べる」「離乳食ってこんなに多くの種類や量、品数があるのですね」等の驚き、「お家でも作ってみたい」「さっそく家で作ったら、よく食べてくれて、嬉しかった」「主人も野菜スープを口にしている子どもの姿を見て驚いていた」等の喜びの声がうかがえます。

　参加者のお母さん方との懇談では、「アレルギーのある子だったが、楽しく給食体験できた」「保育所からもらったレシピは簡単で子どもが良く食べてくれる」「調理師さんと直接お話し、あせらないで離乳食を進めれば良いことがよくわかった」「保育者や他のお母さん方とおしゃべりして、気分転換ができた」等、様々な喜びの声を聞くことができました。

　今後の離乳食体験では、母親に①子どもの様子を見ながら離乳食を進めてもらい決して強制しないよう配慮すること、②食事のリズムを整えることにより生活リズムを身につけることができること、③子どもは食べる楽しさを体験することにより「食べる力」が育まれることの3点を伝えていきたいと考えています。こうした離乳食の支援を通して、健やかな親子関係の形成や子どもの健やかな成長・発達への支援となっていることを体感してもらいつつ、離乳食の大切さを伝え、子どもの成長を母親と一緒に支えながら喜びを共感していきたいと思います。

お友達といっしょ！おいしい昼食です！

＜離乳食＞

お野菜一杯の離乳食。おいしいです！

＜離乳食体験＞

＜調理師と会話しながら＞

先生！こんな食べさせ方でいいですか？

＜幼児食＞

幼児になると、こんなにも食べるのですね

＜離乳食体験＞

誕生日会、おしゃべりもはずみ、楽しい会食！

4. 子育て支援サービスを利用していない方への質問

質問 b6
子育て支援サービスを利用していない理由は何ですか？あてはまるものの記号に〇をつけてください。いくつでもかまいません。
＜選択肢＞
a：今のところ必要性を感じないから
b：サービスの日時が都合に合わないから
c：担当の先生を知らないから
d：知っている人が利用していないから
e：交通の便が悪いから
f：利用しにくい料金だから
g：サービスのことを知らないから
h：サービス内容に魅力を感じないから
i：とくに理由はない
j：その他

回答者全体の傾向（図 3-24）

　最も多かった回答は「今のところ必要性を感じないから」で、全体の68%が回答していました。これ以外の回答は少なかったのですが、その中でも比較的みられた回答としては「サービスのことを知らないから」があり、全体の20%が回答していました。「とくに理由はない」「サービスの日時が都合に合わないから」「利用しにくい料金だから」がそれに続き、「担当の先生を知らないから」「知っている人が利用していないから」「サービス内容に魅力を感じないから」という回答はごくわずかでした。

　この結果から、まず子育て支援サービスの必要性を感じておらず、利用していないという保護者が多かったことがわかりました。当然、通常の保育・教育のみで満足していて、子育て支援サービスを利用しなくてもよい保護者も多く存在しているでしょう。しかし、全体の2割程度の保護者がサービスのことを知らないと回答していることから、実際には必要な状況であるのにも関わらず利用できていない保護者も存在するのではないかと考えられます。また、アンケートの冒頭には「子育て支援サービス」の内容を例示してはいたのですが、延長保育等のサービスは多くの園で行われている活動であるため、それを「子育て支援サービス」とは思わず、利用していても「利用していない」と回答した保護者もいたかもしれません。

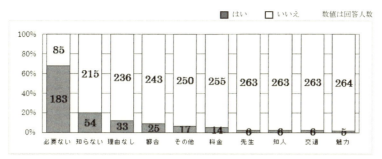

図 3-24. 質問 b6　全体の傾向

公立・私立、保育所・幼稚園での比較（図 3-25）

「サービスの日時が都合に合わないから」という回答は、公立保育所で多く、公立幼稚園では少ないという結果でした。保育所の保護者は就労の関係で子育て支援サービスを利用できる時間が限られているため、必要性がある、もしくはサービスのことを知っていても利用ができていない可能性がありそうです。

また、「サービスのことを知らないから」という回答は私立幼稚園では少ないという結果でした。私立幼稚園では、自園での子育て支援サービスに関する広報活動がある程度行き届いていることが推測されます。

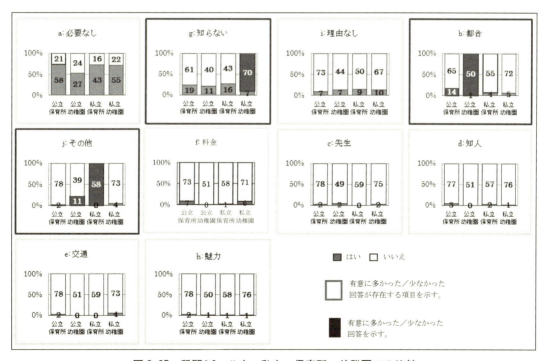

図 3-25. 質問 b6　公立・私立、保育所・幼稚園での比較

> **質問b7**
>
> このアンケートを受け取った園で、どのような子育て支援サービスがあれば利用したいと思いますか？あてはまるものの記号に○をつけてください。いくつでもかまいません。
>
> ＜選択肢＞
> a：正規時間外の預かり保育（事前に登録や申請をするもの。時間外保育、延長保育、早朝保育など）
> b：保護者の病気等、一時的に家庭での子育てが困難になったときの保育（臨時に申し込むもの。一時保育、臨時保育など）
> c：子育てに関する相談、助言（育児相談、カウンセリングなど）
> d：地域の子どもや保護者が交流を行う場所や機会の提供（子育て広場、園庭開放、イベントなど）
> e：子育てに関する知識や情報の提供（子育て講座、講演会など）
> f：保護者を対象とした子育て以外の内容の講座（託児のある趣味の講座など）
> g：その他

回答者全体の傾向（図 3-26）

　最も多かった回答は「保護者の病気等、一時的に家庭での子育てが困難になったときの保育」で、全体の55%が回答していました。次に多かったのが「正規時間外の預かり保育」で、37%の回答者が希望していました。「保護者を対象とした子育て以外の内容の講座」「地域の子どもや保護者が交流を行う場所や機会の提供」「子育てに関する相談、助言」「子育てに関する知識や情報の提供」についても20%前後の回答者が希望していました。

　この結果から、保護者には一時保育のニーズが高いことがわかります。大阪のような都市部では、一時的に子育てが困難な状況になっても子どもを預けられる親族・知人が少なく、保育所や幼稚園を頼りたい保護者が多いと推測されます。また、預かり保育についても、実施している園であっても年齢や日程、料金等の制限があり、利用したくともできない保護者がいるのではないかと考えられます。その他の子育て支援サービスについては、現在はそのサービスを実施していない園であっても、保護者には一定のニーズがあるのかもしれません。

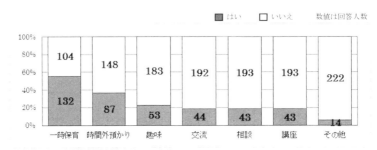

図 3-26．質問b7　全体の傾向

公立・私立、保育所・幼稚園での比較（図 3-27）

　公立幼稚園においては、「正規時間外の預かり保育」の回答が多いという結果でした。幼稚園の保護者は就労せず専業主婦・主夫である方が多いと考えられますが、現代の子育て家庭においては、就労以外の理由でも子どもの預かりが必要となる状況が存在するのではないかと考えられます。

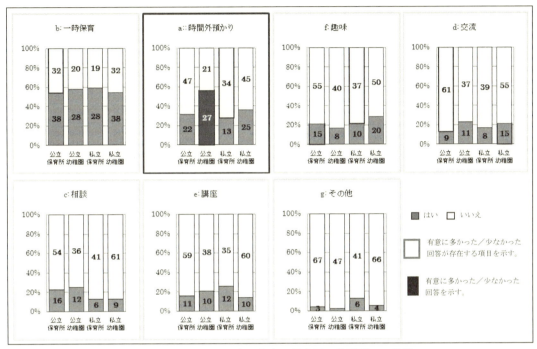

図 3-27．質問 b7　公立・私立、保育所・幼稚園での比較

質問 b8

このアンケートを受け取った園以外で子育て支援サービスを利用している方のみにお聞きします。どのような子育て支援サービスを利用していますか？あてはまるものの記号に○をつけてください。いくつでもかまいません。

＜選択肢＞
- a：正規時間外の預かり保育（事前に登録や申請をするもの。時間外保育、延長保育、早朝保育など）
- b：保護者の病気等、一時的に家庭での子育てが困難になったときの保育（臨時に申し込むもの。一時保育、臨時保育など）
- c：子育てに関する相談、助言（育児相談、カウンセリングなど）
- d：地域の子どもや保護者が交流を行う場所や機会の提供（子育て広場、園庭開放、イベントなど）
- e：子育てに関する知識や情報の提供（子育て講座、講演会など）
- f：保護者を対象とした子育て以外の内容の講座（託児のある趣味の講座など）
- g：その他

回答者全体の傾向（図 3-28）

　この質問に回答したのは 17 名で、アンケートを受け取った園以外で子育て支援サービスを利用している保護者は全体の 5.9%でした。少数ではありますが、その中で最も多く利用されていたのは「地域の子どもや保護者が交流を行う場所や機会の提供」で、13 名の保護者が利用していました。次に多かったのは「正規時間外の預かり保育」で、5 名が利用していました。その他のサービスも数名の利用者がみられました。

　この結果から、まず、子どもが在籍している園での子育て支援サービスを利用していない保護者は、他園でのサービスもあまり利用していないことがわかりました。子どもが在籍している園には、子どもが慣れていること、スタッフを知っていること、場所などの利便性があり、それとは別に他の園に行くのはハードルが高いと考えられます。質問 b7 の回答結果から、子育て支援サービスを利用していない保護者にも一定のニーズがあることは示されているものの、利用しにくい、近辺には存在しない等の現実的な理由から、他の園でニーズを満たすという行動にはつながっていないと考えられます。

　少数の利用者の中では、子育て広場や園庭開放、イベントなどの利用者が多いという結果でした。これらのサービスは無料で行われていることが多く、子どもが在籍している園でのこうしたサービスの日時が限られているような場合、他の園に行くようにしている保護者が存在しているのかもしれません。

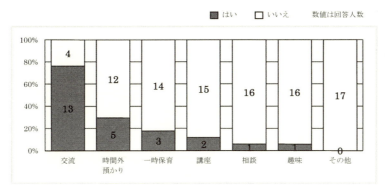

図 3-28. 質問 b8　全体の傾向

公立・私立、保育所・幼稚園での比較（図 3-29）

　回答者数が少なかったため検定は行っていませんが、「地域の子どもや保護者が交流を行う場所や機会の提供」では私立幼稚園の回答者が多い傾向がみられました。幼稚園の保護者は保育所の保護者に比べると日中の時間に余裕があり、他の親子と交流したいという動機づけがあれば、他園に出向くことが可能な保護者も存在すると考えられます。

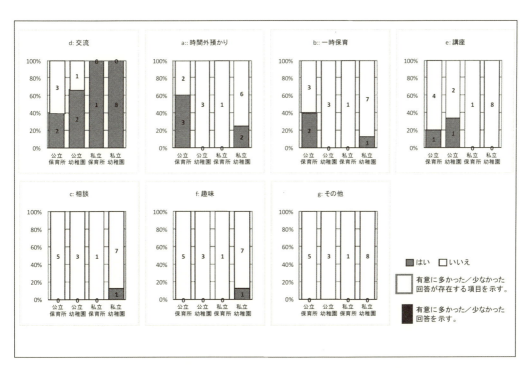

図 3-29. 質問 b8　公立・私立、保育所・幼稚園での比較

5. 自由記述

質問 a14、b9
「子育て支援」や本調査について、ご意見・感想等がございましたら自由にお書きください。

自由記述のカテゴリーわけ（図 3-30）

　自由記述の設問では、保護者の切実な声を聞くことができました。内容の概要は巻末資料にまとめてありますが、大きく 5 つのカテゴリーを作って内容を分類したところ、下記のようになりました。

　全体として、最も多かった内容は「預かり保育の充実」でした。延長保育のさらなる拡充や日曜日・祝日および長期の休み期間での預かりなどを求める意見が多く書かれていました。次に多かったのは「情報提供」で、知りたい情報が得られないことやサービスがあることは知ってはいても、その内容が具体的にわからないので参加しづらいこと等が記述されていました。「子育て支援の充実」がそれに続き、具体的に現行のサービス以外にしてほしい内容が挙げられていました。「病児保育」を求める声も一定数みられました。その他の記述においても、それぞれの保護者の多様なニーズに基づく希望や、子育て支援体制の整備を求める声が記述されていました。

　保育所・幼稚園別に比較してみると、保育所では幼稚園よりも「情報提供」「病児保育」の件数が多い傾向がみられました。保育所の保護者は自身で情報を収集する時間的な余裕が少なく、支援者側からの積極的な情報提供を求めているのかもしれません。また、就労していても子どもが病気のときには保育所に預けられず、困っている保護者も存在していると考えられます。一方、幼稚園の保護者では保育所と比較すると「預かり保育の充実」を求める声が多い傾向が見られました。質問 b7 の結果と同様に、就労していなくても子どもの預かりが必要な状況があるのではないかと推測されます。このように、保育所・幼稚園それぞれの事情からサービスの充実を求める声が記述されていました。

	全体	公立保育所	公立幼稚園	私立保育所	私立幼稚園
預かり保育の充実	124	33	50	27	14
情報提供	89	33	20	36	0
子育て支援の充実	47	0	20	27	0
病児保育	33	12	0	18	3
その他	40	21	7	0	12

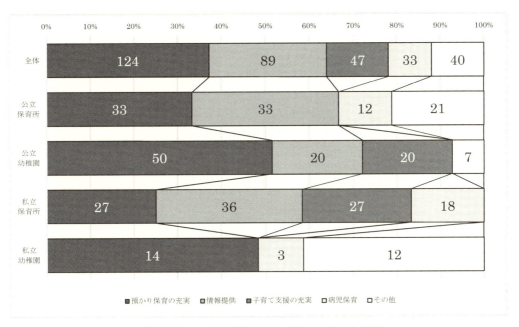

図3-30. 自由記述をカテゴリーわけした結果

コラム　「学校・地域で子育て支援－安全に対する取り組み－」

　幼稚園や保育園で様々な子育て支援を受けながら育ててきた子どもが、いざ小学校へ就学するとなると、新たな不安が湧いてくる保護者も少なくないようです。

　入学当初の保護者の不安材料の多くは次のようなものです。友達となかよく学校生活を送れるだろうか、いじめられはしないだろうか、登下校は無事にできるだろうかなどです。学習への心配より、個人の生活が円滑かつ安心であることを願う内容が多いようです。今日、特に保護者の方々が神経を使われるのが、子どもの安全確保です。子どもが安全に生活できることが、保護者の安心の担保となっているといえます。それでは、学校が取り組んでいる安全対策にはどのようなものがあるのでしょうか。ある小学校の例をみてみましょう。

教職員による安全確保

○登下校の安全対策として、子どもが登下校する際に、担任等が付き添ったり地域の人々と連携を図りながら巡視活動を行ったりするなど、様々な取り組みが行われています。登校時刻は同じですが、下校時刻は学年や曜日によって異なります。したがって下校指導は、最終校時が終わると学年単位で担任引率のもとに行われています。

○学校の玄関等は施錠されていますが、校内に不審者が入ってこないという保障はありません。万一、不審者が塀を乗り越えて侵入してきた場合、最初に発見した教職員が事前に決められている暗号放送※によって全教職員に知らせるようになっています。

○教職員が子どもを守る術として、講師の警察官から棒術、さす又、逮捕術などを学んでいます。いざというときは教職員が身を呈して子どもを守れるよう実践的な研修に取り組んでいます。

※　例として「〇〇校長先生、1年1組へ。」があります。〇〇校長先生が「侵入者」、1年1組が「場所」を表しています。事前に教職員が暗号内容を理解していることによって子どもに不安を、侵入者に刺激を与えないようになっています。ちなみに、通常、校長先生は学校に一人です。ですから放送で呼び出すとき、個人名をつけることがほとんどありません。

保護者・地域との連携

○保護者は子どもの安全を願う一方、具体的な取り組みには学校頼り、地域頼りという面があるようです。保護者の多くは仕事のため、子どもの登下校や帰宅後の生活について、安全を保つ取り組みに参加できないのです。そこで、事前に保護者の予定を考慮した計画を学校が策定し、月1回程度、保護者が登下校の見守りや自転車に乗って地域巡視をするなどの取り組みに参加できるようにしています。

○学校と連携しながら地域町会の方々が、子どもの登下校の際、通学路に立って子どもを見守っています。活動中は子どもに挨拶指導も行っています。地域の方々は制帽をかぶり、ひと目で見守り活動者であることが分かるようになっています。

　安全対策について教職員の行動や保護者・地域の方々の取り組みを紹介しました。このほか警察や行政との連携も密にしています。

　今、子どもが安全に生活できる地域環境の整備や地域で子育てをすることが重視されています。このことは保護者が安心して子育てができる条件です。これからも地域社会を基盤に、学校組織をはじめ、行政、警察、地域諸団体の連携を一層充実させ、子育て支援の具体的な取り組みをさらに推進していくことが大切であると思います。

6. 子育て支援活動責任者への質問

質問 1
貴園の種別について、あてはまるものの記号に 1 つ○をつけてください。

<選択肢>
a：公立保育所
b：公立幼稚園
c：私立保育所
d：私立幼稚園

回答園の内訳

先生用アンケートの回収率は 75％でした。回答のあった園のうち、公立保育所が 7 園、公立幼稚園が 7 園、私立保育所が 3 園、私立幼稚園が 1 園でした。

質問2

貴園ではどのような子育て支援活動を行っていますか？あてはまるものの記号に○をつけてください。いくつでもかまいません。

＜選択肢＞
a：正規時間外の預かり保育（事前に登録や申請をするもの。時間外保育、延長保育、早朝保育など）
b：保護者の病気等、一時的に家庭での子育てが困難になったときの保育（臨時に申し込むもの。一時保育、臨時保育など）
c：子育てに関する相談、助言（育児相談、カウンセリングなど）
d：地域の子どもや保護者が交流を行う場所や機会の提供（子育て広場、園庭開放、イベントなど）
e：子育てに関する知識や情報の提供（子育て講座、講演会など）
f：保護者を対象とした子育て以外の内容の講座（託児のある趣味の講座など）
g：その他

回答者全体の傾向（図3-31）

　最も多く実施されていたのは「子育てに関する相談、助言」で、全ての園で実施されていました。次に多かったのが「地域の子どもや保護者が交流を行う場所や機会の提供」で、1園を除く全ての園で実施されていました。「正規時間外の預かり保育」と「子育てに関する知識や情報の提供」も半数以上の園で実施されていましたが、「保護者を対象とした子育て以外の内容の講座」や「保護者の病気等、一時的に家庭での子育てが困難になったときの保育」を実施していた園は、半数以下でした。

　全ての園で実施されていた「子育てに関する相談、助言」に関しては、保育・幼児教育の専門家であり、子どもたちが成長する姿を日々見守っている園の先生方にとっては、日常的に行っている活動であると考えられます。また、子育て広場や園庭開放といった活動も、園が地域の子育ての拠点であることを求められるようになった現在では広く行われています。一方、預かり保育や一時保育、講座といった活動は人員の配置などの資源が必要であり、地域のニーズと限られた資源との兼ね合いの中で展開されている状況であることがうかがえます。

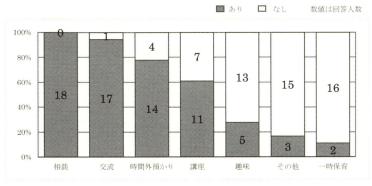

図3-31. 質問2　全体の傾向

公立・私立、保育所・幼稚園での比較（図3-32）

「正規時間外の預かり保育」および「子育てに関する知識や情報の提供」は幼稚園では全ての園において行われていましたが、保育所では行っていない園もありました。預かり保育については、もともと保育所での正規の保育時間が18時前後までであることが多いため、さらに時間外の預かりを行わなくてもよい地域もあるのではないかと考えられます。子育て講座については、就労している保育所の保護者を対象とした講座の日時設定の難しさ等の状況が関係しているのではないかと推測できます。

「保護者を対象とした子育て以外の内容の講座」および「保護者の病気等、一時的に家庭での子育てが困難になったときの保育」については、公立幼稚園のみでの実施でした。保護者アンケートの質問a8でみられたように、子どもと離れて一息つきたいというニーズのある公立幼稚園の保護者に対して、託児のある趣味等の講座は有効な支援であると考えられます。また、保護者アンケートの質問b7でみられたように、一時保育に対する保護者のニーズは高い水準にあります。講座・一時保育どちらも人員の配置などの資源が必要な活動ではありますが、自治体のバックアップ体制があれば私立園では難しい子育て支援サービスも公立園で実施することが可能になり、地域の保護者のニーズを満たす公的機関としての役割を果たすことができるのではないかと考えられます。

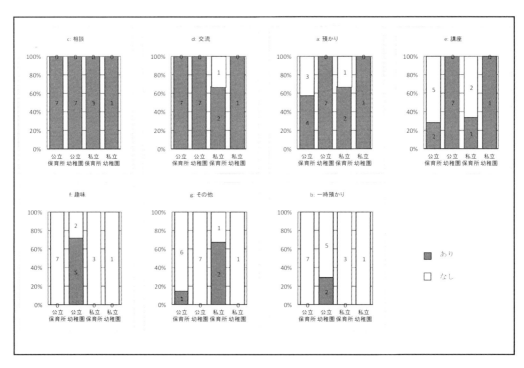

図3-32. 質問2　公立・私立、保育所・幼稚園での比較

> **質問3**
> 質問2のa~gで○をつけた活動について、補足説明や独自の取り組み、特色などがありましたらご記入ください。

記述内容

- 公立保育所：「子育て広場」などを開催し、地域開放や交流事業などを行っている。貸出絵本や離乳食給食体験、誕生会、夏祭り、カレーパーティー、もちつき会などの行事を提供している。子育て講座では、保護者同士のかかわり合い、日頃の不安やストレスの発散と子どもとのかかわりを楽しんでもらえるような遊びや製作などを催している。保育に関する相談なども並行して行っている。

- 公立幼稚園：月から金曜日で預かり保育を実施している。地域とのつながりを目的に、子育てサークルなどを実施し、地域における子育て支援、ボランティアの方々にも参加していただき、取り組んでいる。

まとめ

　　全体としては、預かり保育やいろいろな行事、イベントなどの取り組みを通して、保護者同士のつながりをつくることが何より重要ではないかという意見が目立つ結果でした。

> **質問4**
> 貴園での子育て支援活動の利用者を増やす、もしくは支援のニーズの高い保護者を利用につなげるために、どのような取り組みを行っていますか?

記述内容

- 公立保育所：市の広報に載せたり、保健センター、産婦人科にポスターを貼るなどが多かった。また、月だよりの発行によるお便りでのアピールなどもあった。

- 公立幼稚園：子育て支援の担当室から発行するチラシへの掲載や自園の周辺へのポスターによる周知が多かった。

- 私立保育所：広報への掲載や、特に周知に関する広報は行っていないとの回答があった。個別による声かけや誰かと繋がる環境づくりなどをしている。

まとめ

　　全体としては、預かり保育や子育て支援のニーズはたいへん高いと認識されており、広報などで今後も引き続き活動を展開していくといった意見が多くみられました。

> **質問5**
> 3〜4歳の子ども（3歳児クラス、年少クラス）をもつ保護者にとって必要な子育て支援活動とは、どのようなことだと考えますか？ご意見をご記入ください。

記述内容

- 公立保育所：保護者の子育てにいかに寄り添えるかが重要である。行事への参加などを促進させる。また、母親だけでなく父親の子育ても多いので、父親向けの育児講座やネットワークづくりなどが必要である。また、この年齢の子どもは幼稚園等に行っているため、1〜2歳児への支援も必要である。育児をしていく中での不安やストレスを共感してくれる、わからないことを気軽に聞くことができる、自分の時間がつくれるように協力してくれる、同じ境遇の親子が一緒に活動できる場所が大切であろう。乳児期から幼児期への移行期であり、自我の芽生えとともに自己主張が出始め、子どもへの対応に苦慮している様子が見受けられるので、子どもの発達、成長の方向性、集団生活の様子を伝えることが鍵になる。

- 公立幼稚園：初めての集団生活で保護者の不安も大きい。一人ひとり個人差があり、良いところを伸ばしていくように保育を展開していることを機会があるごとに話している。並行して子育てや教育の相談も実施している。個別に悩みを聞き、安心できるように対応することを心がけている。実際に学級懇談会や子どもの生の姿を見ていただける保育参観を通じて、3歳児の育ちや発達段階に応じた子育て支援活動を心がけている。さらに、子育ての悩みや子どもとかかわることなど様々な情報を交換し合える保護者同士のつながりをつくっていくことが大切である。幼稚園に通わせる親の中には、教育熱心な保護者が多く、子育てに関する知識を知りたいと思っている方が多い。子育てに役立つ講演会を実施、企画している。いろいろな子育て方法、先輩の母親からのアドバイスなども有効である。

- 私立保育園：3〜4歳だけをピックアップするのは難しい。日常の保育そのものが子育て支援だと思っている。この時期は、自我の芽生えによる反抗期であったり、他児とのかかわりによる問題であったりする。言葉、理解力、精神面、情緒面の発達についてそれぞれ知らせていく。時間外保育、園での様子や家での様子などの日常的な会話を大切にしている。保護者同士のつながりをつくることで安心感につながる。子どもの育ちを伝えること、いろんなことを話せる雰囲気づくりを心掛けている。

- 私立幼稚園：休業中の預かり保育の拡大が必要ではないかと考えている。

まとめ

全体としては、保護者への具体的支援や保護者同士のつながりづくりといったことが重要ではないかという意見が目立つ結果でした。

> **質問6**
> 「子育て支援」や本調査について、ご意見・感想等がございましたら自由にお書きください。

記述内容

・公立保育園：他市の子育て支援の施策について知る機会があれば参考にしたい。

・公立幼稚園：子育てが分からないと悩む親が多い。孤立しないように保護者同士が繋がっていけるような支援や体制があると良い。また、一人ひとりの保護者をしっかりと支えていくこと、園全体でバックアップする体制をとって対応、かかわっていくことこそ今、必要な子育て支援ではないか。

まとめ

　保護者支援の体制づくりのため、子育て支援に関する情報のさらなる共有が必要であることが指摘されていました。

コラム　「子育て支援に果たす母子健康手帳の役割」

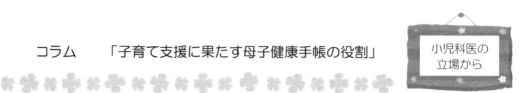
小児科医の立場から

　小児科医の目からみた子育て支援の方法として先ず挙げたいのが、「母子健康手帳」の活用です。本手帳は、妊娠していることが分かった時点で住所地の市区町村長に「妊娠届」を提出すれば、これによって妊婦に交付されるものです。国籍に関わらず交付されますが、自治体によっては独自に外国語版の母子健康手帳を作成しているところもあります。本手帳の歴史は古く、前身の「妊産婦手帳」は昭和17年（1942年）に発行され、それ以来、名称とか内容は改変されていますが、本邦の母子保健の推進に大きく貢献してきました。世界に誇れる手帳と思います。

　乳幼児健康診査では本手帳を拝見しますが、母親が随所に記載しているコメントにも細やかな愛情がうかがわれます。子どもが将来それを見たら、自分が如何に大切に育てられてきたかが分かり、感謝することでしょう。任意予防接種（有料）をきちんと受けさせていれば、病気にならないよう十分配慮している姿勢もうかがわれます。身長・体重の曲線がこまめに記載してあれば健やかな成長の願いが伝わってきます。健診では、このような母親の育児姿勢に共感し励ましのエールを送っています。母子健康手帳は原則、どの母親もこれを持ち、また本人の了解が得られれば見せていただけます。保育者には、本手帳の重要性を再認識し、子育て支援に十分活用していただきたく望んでいます。

　また本手帳は「健康パスポート」の役も担っています。子連れで、または本人が海外旅行に行く際には携えて欲しく思います。英語に堪能な人でも予防接種を説明するのは至難の業でしょうが、本手帳には英語も併記してありますので、示すだけで分かってもらえます。

　父子健康手帳を交付している自治体も少しずつ増えてきています。この手帳には、妊娠経過を学習することにより、妻への支援が実践できるよう必要な情報が盛り込まれています。また子育てに協力して関わることができるように大切な事柄が示されています。「育メン」入門書とでもいえる小冊子です。

第 4 章

今後の取り組み

1. 総合的考察 I
保護者アンケートにみる子育て支援サービスの利用実態と利用ニーズ －保育所・幼稚園の違いに着目して－

　ここでは、子育て支援サービスの利用実態と利用ニーズについて、保育所と幼稚園の違いに着目して考えたいと思います。

　保護者アンケートの結果をみると、まず利用実態として、子育て支援サービスを利用している人の割合は、保育所では3分の1程度、幼稚園では半数程度であり（質問5）、利用内容についてはいずれも、「正規時間外の預かり保育」が最も多い結果となっています[1]。利用実態について、保育所と幼稚園で大きな違いはないといえるでしょう。

　しかし、利用にあたっての動機や経緯については、両者では明確な違いがみられます。まず、利用にあたっての意志としては、保育所の方が子育て支援サービスを「利用したいと強く思っていた」と積極的に求める人が多くなっています（質問a7）。さらにその理由として、「仕事をするために必要だったから」（約8割）という回答が大多数を占めています（質問a8）。つまり保育所の保護者にとっては、自分が仕事をしている間に子どもを預かってくれる人がいない、という差し迫った物理的問題を解消するための要求が強いのです。

　他方、幼稚園においては、「利用したいとは思っていたが、自発的に探してはいなかった」「なんとなく利用しはじめた」とする人が多く、保育所の保護者よりもサービスを求める積極性は低いといえます。幼稚園におけるこうした傾向性は活用理由にも表れており、「子どもから離れて一息つける機会が欲しかったから」や「子どもが行きたいといったから、喜ぶから」というように、現実的な切実性というよりも、心身の充足に関わる欲求を満たしたいとする傾向が強くみられました（質問a8）。これはサービスを継続する理由においても同様です（質問a11）。

　以上をふまえると、保護者の子育て支援サービスに対するニーズは全体として、「積極型／物理的問題解消型」を特徴とする「保育所的ニーズ」、「非積極型／情緒的問題解消型」を特徴とする「幼稚園的ニーズ」に大きく分けることができます（図4-1）。

---

[1] この結果について、本プロジェクトメンバーである現場職員からは、「保育所の子育て支援サービス利用者は、実際にはもっと多いように感じられる」との意見も出されました。この「違和感」の理由としては例えば、保育所の利用者が「正規時間外の預かり保育」を子育て支援サービスとは認識しておらず、あくまで基本的業務の一部とみなしていることなどが考えられます。これについて、さらなる考察は別稿を期したいと思います。

第4章　今後の取り組み

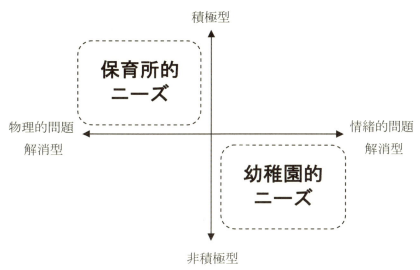

図 4-1.　保育所と幼稚園における子育て支援ニーズの違い

　これらの傾向性は、保育所と幼稚園の根本的な機能の差に合致したものといえるでしょう。すなわち、保護者の就労により子どもを預かる場としての保育所と、就学前教育の場としての幼稚園ということです。幼保一体化の一方で両者のすみわけがまだまだ根強い今日、こうした違いに自覚的であることは、子育て支援サービスにおけるニーズのミスマッチを防ぐことにもつながるものと考えられます。

　とはいえ、子育て支援の機能として、現段階で保護者が「要求」する課題に応えるだけではなく、保護者ひいては地域にとって「必要」な課題を見極め、提供していくことも重要です。その際たとえば、「保育所的ニーズ」が強い場合は、保護者が時間をやりくりしても活用したくなるような説得力、インパクトのあるサービス内容、多少人が集まりにくくとも根気強くサービスを提供し続ける態勢などが鍵となるでしょう。他方、「幼稚園的ニーズ」が強い場合は、比較的時間に余裕のある保護者が、個人的・情緒的な問題解決サービスの「受け手」にとどまらず、地域的な子育て支援の「担い手」としても活躍していけるような動機づけやサービスの発展性・継続性が鍵といえるでしょう。

2. 総合的考察Ⅱ
アンケート調査からみる子育て支援サービスへの期待
－提供者と利用者の違いに着目して－

　本節では、子育て支援サービスにおける提供者と利用者が抱く期待の違いに着目し、考察をすすめていきます。

◇提供者のねらい

　保育所は「地域の子育て支援の拠点」として、幼稚園は「地域における幼児期の教育のセンター」として、地域の子育て家庭が安心して利用できる環境を提供し、"親が行う子育てを支援する"ために、それぞれの施設で子育て支援サービスを提供することが求められています。今回のアンケート調査の結果からも、各園では様々なサービスが展開されており、具体的には保育所・幼稚園とも共通して、子育て広場や園庭開放、イベントや専門家による面談会、子育て講座等を積極的に実施していることがわかりました。保育所・幼稚園は、これらのサービスを保護者や子どもたちに積極的に利用してもらい、「子育てに関する不安や悩みの軽減」「親子が共に過ごす時間と場所の提供」「保護者同士の交流」につながることを期待しているようです。また、これらの成果が継続されれば、"親（利用者）の育ち"を支援するという提供者の真の目的にも通じていくのではないかと思います。

◇利用者が望むもの

　一方、利用者側である保護者のアンケート結果からは、上記サービスへの注目度はそれほど高くなく、延長保育や一時保育、夜間・休日の保育、病児保育や病後児保育のような通常保育以外の預かりを望むものが多いという結果になりました。保育所・幼稚園間で具体的な目的の差はあるものの、保護者は「子どもと離れる時間の確保」「子どもを預かってもらう場」として子育て支援サービスを利用しているようです。ここでの目的の差とは、保育所では就労に関係した物理的問題の解消がかなり強いものの、幼稚園では切迫感が弱まることです。半面、幼稚園の利用者からは、リトミックや英語、体育などの幼児向け教室のように「保育者や指導者の専門性を活かした子どもの育ち」への期待が高まりますが、これも広い意味では「子どもと離れる時間の確保」「子どもを預かってもらう場」に含まれるといえるでしょう。つまり、利用者は"第三者による積極的な援助"を求める傾向にあるようです。

◇考え方のズレ

　アンケートの結果を総合すると、提供者・利用者とも子育て支援サービスの必要性と有効性は十分に感じていることがわかります。しかし、提供者のねらいと利用者が望むものには、若干考え方のズレが存在するように感じます。多くの利用者は"第三者による積極的な援助"を求めていますが、提供者側は時間と場、専門性を提供するだけを考えているのではないのです。利用者自身が子育てに余裕と自信をもち、親として子どもとともに成長していくこと、つまり提供者と利用者が共に"子どもの育ち"を支援するよう働きかけながら、さらに提供者は"親（利用者）の育ち"を支援するサービスを提供しようとしているようです。

第4章 今後の取り組み

◇ズレから生まれる問題点

　このズレの解消には、利用者が子育てに余裕がもてるようニーズに応じたサービスを整えることが必要なのかもしれません。しかし、現状では社会的な問題が根底にあり、人件費を中心とした費用の面等、体制の整備には課題が目立ちます。利用者はいつまでたっても余裕を感じることがなく、提供者は利用者からの要望と園側の時間的・労力的・経済的負担との板ばさみになってしまうかもしれません。今以上のサービスを提供したくてもできず、また利用者が自分自身の成長になかなか気づいてくれない状態が続き、提供者には葛藤と欲求不満が高まるばかりともいえるでしょう。

◇今後の課題

　今回のアンケート結果から、各園での取り組みは延長・預かり保育などの一般化されつつあるサービスの他に、それぞれの園で実施可能なサービスを多種多様に展開していることがわかりました。しかし、利用者からは夜間・休日の保育や病児保育など現行以上のものを望む声が多く、一方で提供者側が利用してほしいと期待するサービスはそれほど利用実績や継続性が伸びにくいといった現状もありました。

　実際、就労環境の安定につながるような体制整備は、行政等、社会全体が子育てを支える仕組みが整わなければ保育所・幼稚園の努力だけでは困難です。しかし、利用者からの回答には「利用している保護者の声を積極的に伝える」ことがまだ利用していない保護者の利用を促すことにつながるとの意見（巻末資料 a 12）や、「預かり保育の具体的サービス内容を詳しく知らせてほしい」「乳児期前半は情報が得にくい」などの声（同 a14）があり、"サービスの明確化"や"子育て支援のアピール"というような、保育所・幼稚園の努力と少しの工夫で利用者のニーズを満たせそうなものもありました。一般化されつつある延長・預かり保育などのような"親が行う子育てを支援する"保育の補完的な子育て支援サービスだけでなく、現行の"子どもの育ち"と"親の育ち"を支援する目的のサービスに魅力を感じている利用者も少なからずいるという可能性もありそうです。この自由記述の声を見逃さず、提供者の思いのこもったサービスを地域に広報し、根気強く提供し続けることが、子育て支援サービスとして何よりも大切なことと言えるのかもしれません。

　今後、提供者側が保護者や地域など利用者のニーズを改めて明確に理解した上で、"子どもの育ち"と"親の育ち"を支援するサービスとはどのようなものか、自園で可能なものは何かを精査し、継続して提供していく必要があります。またそれらの情報をどのように地域に広く発信し受け取ってもらえるようにしていくかが、大きな課題となってくると思われます。

コラム　「お母さんと一緒に子育て」

　乳児期・幼児期から児童期の子育て支援・親支援を目的として設立された子どもセンターの親子教室で、0歳から3歳の親子とかかわっています。その中で、講師としての私が日ごろ感じていること、思っていることをあげてみます。

自由活動の時間が生み出す子どもの満足感と成長、お母さんとのコミュニケーション

　入室後まずしばらくの間は、教室の玩具で遊んでもらう自由活動の時間です。しかし、学校の休み時間の感覚なのでしょうか、この後の一斉活動の直前に来る親子、一斉活動が始まるのをひたすら待っている様子の親子が結構いて、いつももったいなく思っています。

　乳幼児期の子どもは、時間になったからとすぐに切り替えができるわけではありません。好きな活動を存分にして満足感を味わい、場に慣れるためのウォーミングアップの自由活動の時間は貴重です。講師がテーマを設定した一斉活動も、子どもに大きな刺激を与えます。しかし、子どもが自ら興味を持った活動もそれ同様、もしくはそれ以上の刺激、気付きそして育ちを子どもにもたらします。

　また、この自由活動の時間に親子が放つサインは、講師にとって情報の宝庫です。子どもの様子を見て今の興味、成長を知ることができ、そこから、今日はこんな展開を、来月はこんな活動をと考えます。さらに、お母さんの「素」の姿が見られる時間でもあります。講師として寄り添うだけでいいのか、さりげない世間話をしつつ何か困りごとなどあるのか聞いてみた方がよいのかと様子を見守ったりします。

　自由活動の時間にせっせと親子にかかわり、距離を縮め、自由活動の大切さをさらに感じてもらおうと思います。

子どもセンターの現場から

身近な素材を活用した遊びで育つ子どもの感性と楽しい親子の時間

　　参加に事前予約の必要がない教室なので、その日の都合や子どもの体調、天候などの他、テーマにより参加人数にかなりばらつきがあります。空き箱、ハンカチ、新聞などの身近な素材で遊ぶ日は参加者がやや少なく、製作、運動、楽器あそびの日は「家でできない経験」と人気があります。お母さんは、幼稚園でする活動を入園前に経験させておきたいようです。この時期に、家にある身近な物を使った遊びも存分に経験してほしいと思う私の気持ちとはやや裏腹な現状です。

　　紙、布などの感触の違った素材に触れることは、子どもの五感を刺激し、好奇心を促します。さらに、遊び方の決まっている玩具とは違い、身近な物はいろいろな見立てや加工、使い方ができ、子どもの想像力をかきたて、遊びを広げます。

　　身近な物でも楽しく遊ぶ経験をすることにより、教室で楽しく過ごすだけではなく、一日の大半を共に過ごす家庭での親子の時間がより充実したものとなるように、これからも内容を工夫していこうと思っています。

頑張るお母さんを応援するために、子どもの可能性を伸ばすために

　　どのお母さんも、わが子をいい子にしよう、また、自らもいいお母さんになろうと日夜、頑張っています。大半のお母さんは、わが子のできないところがとても気になるようです。もっといい子にするためにマイナス面を何とかしようというのは、一生懸命に子育てしている表れでもあります。

　　しかし、お母さんの気になるところは、年齢的な特性だったり、経験を通して成長していく部分であったり、見方を変えれば長所であることが多いです。また、子どものいいところは、声に出して認めてもらえずにいるとだんだんしぼんでいってしまいがちです。

　　一生懸命になりすぎているお母さんの目が向きにくいその子のいいところをたくさん見つけて伝えるのも、私たちの役目かと思います。

　　一日の大半を共に過ごし、その子の成長や今の姿をよく知っているお母さんと、それぞれの年齢の育ちの知識や数多くの子どもと接した経験がある保育者とが融合し合う親支援・子育て支援ができればいいなと思います。お母さんが楽しく子育てができるようにと思いつつ、今日も様々な親子と向き合っています。

3. 今後に向けて

(1) 保護者の切実な声

　今回のアンケート調査を実施して、子育て支援に関する保護者の切実な声を聞くことができました。保育所の保護者からは、子どもが病気になったり仕事が長引いたりしたときの保育を求める声が大きく、現在の保育所や社会のあり方では仕事と育児を両立することに難しさがあることが伝わってきました。このような声を受けて長時間保育や夜間保育、病児保育や病後児保育を整備する保育所も出てきていますが、現場の先生方からは子どもを預けたいときに預けられるようになればそれでいいのか、と危惧する意見もあります。むしろ、子どもと過ごす時間を削らなくとも働くことができるような環境づくりが企業や行政に求められているのではないでしょうか。

　また、幼稚園の保護者からは子育てに対する不安が伝わってきました。少子化によって小さな子どもと関わった経験があまりないままに親になり、核家族で身近に頼る人もいないままでは、子育てに取り組むことに対する不安が高まるのは当然のことでしょう。子どもに何かあったら親の責任を追及する社会の風潮も、そうした不安に拍車をかけているように感じられます。子どもと離れて一息つきたいという保護者のニーズは、そうした子育て不安から一時でも解放されたいという願いにも思えます。他の保護者とつながりを持ちたいと願うのも、そこから自身の不安をなくしていきたいという動機づけがあるのかもしれません。不安を感じないでのびのびと子育てができるような環境づくりも、現在の社会に求められていることでしょう。

(2) エビデンスを積み重ねる必要性

　こうした子育て環境の改善に関する意見は、これまでも幾度となく様々なところから挙げられています。改善の取り組みは徐々になされてきてはいますが、その進行速度は遅く、当事者以外の現状理解もまだ十分ではないように感じられます。今後さらに改善の取り組みを推し進めていくためには、子育てや子育て支援に関する現状や改善の必要性をより広く訴えていく必要があるでしょう。そのためには、単なる所感ではなく、訴えの証拠となるデータを提示していくことによって、その説得力を増すことができると考えられます。どうして子育て支援を担う施設が必要なのか、なぜこのような子育て支援サービスが必要なのか、子育て環境をどのように改善していくのが適切かといったことに対して、積み重ねられたデータを示していく必要があります。とくに、行政に働きかけが必要な場合にはこうしたエビデンスが求められます。子育て支援について、各現場において実践を積み重ねていくことも大切ですが、現状を改善していくには、今回の調査研究のような客観的なデータの積み重ねについても、もっと取り組んでいくべきでしょう。

（3）保護者を子育て支援の主体に

　今回の調査結果を通して、総合的考察Ⅱにもあったように、保護者と子育て支援サービスの提供者では子育て支援に対する考え方にズレがあるように感じられました。保護者はあくまでもサービスの受け手としての意識が強く、その受け手からの要望を受けてサービスが整備されていくという図式があるように感じます。しかし、保護者からの要望に応えていればそれが十分な子育て支援なのかというと、そうではないでしょう。コラム7にもあるように、保護者自身は気づいていないものの、保育・教育の専門家からみれば必要な支援も存在すると考えられます。それは、子育て支援サービスの提供者側の回答にあった「保護者の成長を意図する支援」とも関連しているでしょう。保護者の側には、サービスの受け手という受動的な立場ではなく、子育ての経験や子育て支援サービスを通して、親として成長していこうという主体的な姿勢が必要ではないかと感じられます。こうした意識改革によって、単なるサービスの受け手と提供者という形の支援ではなく、保護者と子育て支援施設が協同して創っていく子育て支援ができるのではないでしょうか。

（4）必要な人に届く支援をめざして

　今回の調査研究の動機のひとつとして、「支援が必要であると考えられる保護者ほど支援の場には参加していない状況がある」といった問題意識がありました。これに対して、質問 a10、a12、b6、b7 の結果等からも問題解決への手がかりが得られそうではありますが、まだまだ十分検討できているとはいえません。また、3〜4歳児の子育てをしている家庭にとって必要な支援は何かという課題についても、まだ十分に検討できていません。そこで、今後のプロジェクトでは、現在行われている子育て支援サービスのねらいや具体的内容を整理し、支援が必要な保護者をサービスにつなげていくための研究に取り組んでいく予定になっています。引きつづき、保育・教育現場の教職員と研究者が協同しながら、保護者とともに今後の子育て支援のあるべき姿、そこに至る道筋について検討していきたいと考えています。

☆プロジェクトメンバーを随時募集しています。関心を持たれた保育・教育現場の先生方、研究者の方は、labo@jonan.ac.jp までお問い合わせください。

コラム　「子育ち・子育て・大人育ち」

　生涯発達的な視点から、人が生きていく、ということについて考えてみます。
　日常の生活で生きる枠組みの基本を捉えれば、それは、個々人が、独自に、どのような要求を、どのようなバランスで抱き、どのように満たしていくか、ということになります。この要求には、生得的な傾向が強いものから心理社会的に生後獲得されてくるものまで、さまざまなものがあります。
　個々人の幼少期に焦点を当てますと、健全な人格の基礎づくりが重要な発達課題となります。幼少期のこの課題は、子育ちの基本と位置付けられます。それは、上述の要求を適切に満たし、人格を健全に形成していくことを、意味しているからです。
　子育ちを支える子育ては、この要求を満たす過程に直接関ることになりますが、この子育てをめぐっては、いろいろな問題が生起するのが通常です。幼少期のしつけが、個々人の知よりも情・意の成長で重要な役割を担うことになるためです。
　人格の基盤が、幼少期に形成される発達的な事実を的確に認識しますと、幼少期の子どもの保育・教育につき論じ、あるいは実践に当る大人の責任には、大きなものがあることが分かります。
　日々の生活では、この要求の満足が、程度の差こそあれ阻まれる事態が生ずることも現実です。だれしも、要求の満足がままならない要求不満に陥るわけですが、この事態が解消されない限り、生理的・心理的な緊張が長期に持続し、不適応という子育てでも軽視できない状態になります。
　では、この事態にどのように対処するのが子育ちの上で適切なのかということですが、それは、積極的に要求不満の事態に取り組み、克服していくことです。そこで、子育ちで要求不満に耐える力が培われるように、子育てで支援することが求められます。
　この要求不満に対する耐性は、実は要求不満を適度に経験することにより着実に形成されます。したがって、子育てでは、本来、子育ちの主体である子ども自体に、要求不満をもたらすことも必要なのです。生活への適応にふさわしい要求不満耐性を育むには、要求の即時充足ではなく、いわば延滞充足の経験を適宜に積み重ねることを、子育ての上で配慮する賢明さが大切です。
　次に紹介しますあるエピソードは、筆者が実際に見かけました、幼児と母親のやりとりです。

　　　暑い夏の日のことでした。春子さんのお父さんは、ひどくのどがかわいていました。冷たい牛乳でも飲もうと、駅の売店の近くまで行くと、大きな泣き声が聞えました。四才ぐらいの男の子が
　　　「ジュース、飲みたいよー。買ってようー。ねえー（要求の発生）」
　　　と、泣いて、ジュースをほしがっています。
　　　お母さんは、困ったようすです。
　　　「さっき、飲んだばかりでしょ。・・・ちょっとがまんしなさい。」
　　　と、言って聞かせても、
　　　「ジュース、ジュース。飲みたいよー」と男の子は言いつづけるばかりです（要求不満の生起）。

第 4 章　今後の取り組み

発達心理学者の立場から

でも、お母さんは、
「おじいさんのうちにね、ジュースがあるから、もう少しのがまんよ。」
と、男の子に、やさしく言って聞かせていました。
春子さんのお父さんは、売店で、牛乳を買って飲み始めました。すると、
「おじちゃん、のんでる。ぼくにも、ジュースかってよー（要求不満の持続）」
と、男の子は、またジュースをねだり始めました。お母さんは、しかたなく思ったのでしょう。
「おじさんはね、とても、のどがかわいているのよ（他者への共感）。あなたも、きっとそうなのね。買ってあげようね（わが子への共感）。でも、飲むのはおじいさんのうちに行ってからよ（近い可能な目標の設定）。それまで、がまんできるわね（要求の延滞充足——耐性の育ちの促し）。」
お母さんがそう言うと、男の子は、だまってうなずきました（耐性の獲得）。
ジュースを買ってもらった男の子は、お母さんと手をつなぎ、プラットホームの方へ歩いて行きました（信頼感、自尊感情の実感的な経験・高揚）。

　この母親のわが子に対する関りには、幼少期の子育ちの基礎を支えるのに望ましい子育てが見受けられます。上のエピソードの中に（　）付きで記しました筆者のコメントは、それを明確に示しています。
　上に紹介しました母親の子育ち支援には、要求不満耐性理論ともいうべき性格心理学的な考え、発達心理学的な理論が反映しています。しかし、このエピソードは、研究者が、理論を意図し実践しているものではありません。母親が日々のしつけを介し、望ましい子育ちを促す子育てをしている姿がそこにあるのです。このような子育てができますには、子育ての当事者である母親自身が、大人育ちをしているからだと言えましょう。
　子育ちを促す子育てでは、このエピソードの母親は、自然な良きモデルとなります。日常的な生活の一齣に過ぎませんが、真の大人育ちの姿がただよっているからです。真の子育ちは、真の大人育ちがある子育てにより、無駄に揺ぐことなく進みます。
　このような子育てについての考え方は、近い将来、子育てをリードする仕事に就く学生の養成を目指している本学にあっては、学生の教育に携わる教師も自省してみることが必要だと、筆者自身、常々反省しているところです。真の大人育ちに努める教師でなければ、学生に真の大人育ちを促すことができないからです。
　日々、自省を拒むことなく、真の子育てに励む大人が、真の子育ちが進み、高まり、そして深まるのにふさわしい存在となります。このような視点の底流にあるものは、本学の教育と研究にも当てはまるものではないでしょうか。

巻末資料

表中の*,**は、それぞれ
 * ： $P < .05$
 ** ： $P < .01$
を示している。

1. 子育て支援サービス利用者への質問

> a6. このアンケートを受け取った園で、どのような子育て支援サービスを利用していますか？あてはまるものの記号に○をつけてください。いくつでもかまいません。
>
> a: 正規時間外の預かり保育（事前に登録や申請をするもの。時間外保育、延長保育、早朝保育など）
> b: 保護者の病気等、一時的に家庭での子育てが困難になったときの保育（臨時に申し込むもの。一時保育、臨時保育など）
> c: 子育てに関する相談、助言（育児相談、カウンセリングなど）
> d: 地域の子どもや保護者が交流を行う場所や機会の提供（子育て広場、園庭開放、イベントなど）
> e: 子育てに関する知識や情報の提供（子育て講座、講演会など）
> f: 保護者を対象とした子育て以外の内容の講座（託児のある趣味の講座など）
> g: その他

表5-1. 質問a6　全体の回答結果

	選択肢	はい	いいえ
a:	時間外預かり	179	50
d:	交流	63	165
c:	相談	29	199
e:	講座	26	202
b:	一時保育	11	216
f:	趣味	11	217
g:	その他	2	225

表5-2. 質問a6　公立・私立、保育所・幼稚園別の回答結果

	選択肢	選択項目	公立保育所	公立幼稚園	私立保育所	私立幼稚園	計（人）	X^2
a:	正規時間外の預かり保育（事前に登録や申請をするもの。時間外保育、延長保育、早朝保育など）	はい	27	54	32	62	175	12.350**
		いいえ	19	10	7	14	50	
d:	地域の子どもや保護者が交流をおこなう場所や機会の提供	はい	11	23	4	25	63	9.249*
		いいえ	34	41	35	51	161	
c:	子育てに関する相談や助言	はい	14	8	1	6	29	18.637**
		いいえ	31	56	38	70	195	
e:	子育てに関する知識や情報の提供	はい	0	7	3	16	26	13.128
		いいえ	45	57	36	60	198	
b:	保護者の病気等、一時的に家庭での子育てが困難になった時の保育	はい	1	3	1	6	11	2.564
		いいえ	44	61	37	70	212	
f:	保護者を対象とした子育て以外の内容の講座（託児のある趣味の講座など）	はい	1	4	0	6	11	4.406
		いいえ	44	60	39	70	213	
g:	その他	はい	1	0	1	0	2	3.424
		いいえ	43	64	38	76	221	

a7. 子育て支援サービスを利用しはじめる前は、どの程度「利用したい」という気持ちがありましたか？利用したいという気持ちの程度がどうであったか、最も近いものの記号に1つ、○をつけてください。

　　a：利用したいと強く思っていた、利用できるサービスを探していた
　　b：利用したいと思ってはいたが、自発的に探してはいなかった
　　c：なんとなく利用しはじめたが、利用してみてこれからも利用したいと感じた
　　d：なんとなく利用しはじめて、現在もその流れで利用しているだけ
　　e：そのようなサービスは利用しなくてよいと思っていた

表 5-3. 質問 a7　公立・私立、保育所・幼稚園別の回答結果

	選択肢	公立保育所	公立幼稚園	私立保育所	私立幼稚園	計（人）
a:	利用したいと強く思っていた、利用できるサービスを探していた	24	22	25	34	105
c:	なんとなく利用しはじめたが、利用してみてこれからも利用したいと感じた	10	20	6	21	57
b:	利用したいと思ってはいたが、自発的に探してはいなかった	7	18	6	16	47
e:	そのようなサービスは利用しなくてよいと思っていた	3	2	0	2	7
d:	なんとなく利用しはじめて、現在もその流れで利用しているだけ	2	2	1	1	6
	合計	46	64	38	74	222

a8. 質問a7でa、bに○をつけた方のみにお聞きします。なぜ子育て支援サービスを利用したいと感じていましたか？あてはまるものの記号に○をつけてください。いくつでもかまいません。

　　a：仕事をするために必要だったから
　　b：子どもを預けられる人が少なかったから
　　c：子育てについて相談できる相手が少なかったから
　　d：他の保護者や子どもと交流する機会が少なかったから
　　e：子どもに家ではできない体験をさせたかったから
　　f：子どもが行きたいと言ったから、喜ぶから
　　g：子育てに関する知識や情報を得たかったから
　　h：子どもから離れて一息つける機会が欲しかったから
　　i：子育て以外の面でも自分の知識・教養・経験を深めたかったから
　　j：その他

表5-4．質問a8　全体の回答結果

	選択肢	はい	いいえ
a:	仕事	98	80
b:	預ける人	67	111
e:	体験	49	127
h:	一息	39	137
d:	交流	36	142
f:	喜ぶ	31	145
g:	知識	21	154
i:	教養	15	161
c:	相談相手	11	166
j:	その他	8	168

表5-5．質問a8　公立・私立、保育所・幼稚園別の回答結果

	選択肢	選択項目	公立保育所	公立幼稚園	私立保育所	私立幼稚園	計（人）	X^2
a:	仕事をするために必要だったから	はい	27	13	29	25	94	42.450**
		いいえ	7	41	5	27	80	
b:	子どもを預けられる人が少なかったから	はい	13	18	11	23	65	1.799
		いいえ	21	36	23	29	109	
e:	子どもに家ではできない体験をさせたかったから	はい	10	17	4	16	47	4.806
		いいえ	24	37	29	35	125	
h:	子どもから離れて一息つける機会が欲しかったから	はい	2	19	3	14	38	14.660**
		いいえ	32	35	30	37	134	
d:	他の保護者や子どもと交流する機会が少なかったから	はい	6	15	2	13	36	6.977
		いいえ	28	39	32	39	138	
f:	子どもが行きたいと言ったり、行くと喜ぶから	はい	4	14	1	12	31	9.251*
		いいえ	30	40	32	39	141	
g:	子育てに関する知識や情報を得たかったから	はい	2	7	4	8	21	1.884
		いいえ	32	46	29	43	150	
i:	子育て以外の面でも自分の知識・教養・経験を深めたかったから	はい	1	5	3	6	15	2.046
		いいえ	33	49	30	45	157	
c:	子育てについて相談できる相手が少なかったから	はい	3	6	1	1	11	4.924
		いいえ	31	47	33	51	162	
j:	その他	はい	2	4	1	1	8	2.069
		いいえ	32	50	32	50	164	

巻末資料

a9. 子育て支援サービスを受けるにあたって、この園を選択した理由は何ですか？あてはまるものの記号に○をつけてください。いくつでもかまいません。

 a：子どもが在籍している園だから
 b：サービスの日時が都合に合うから
 c：先生が信頼できるから
 d：友人、知人も一緒だから
 e：利用しやすい場所だから
 f：利用しやすい料金だから、無料だから
 g：子どもが喜ぶ、楽しめるから
 h：サービス内容に魅力を感じたから
 i：なんとなく
 j：その他

表5-6. 質問a9　全体の回答結果

	選択肢	はい	いいえ
a:	在籍園	176	52
e:	場所	70	158
c:	信頼	68	159
g:	喜ぶ	65	163
b:	都合	40	187
d:	友人	32	196
f:	料金	30	198
h:	魅力	13	214
j:	その他	10	218
i:	なんとなく	3	225

表5-7. 質問a9　公立・私立、保育所・幼稚園別の回答結果

	選択肢	選択項目	公立保育所	公立幼稚園	私立保育所	私立幼稚園	計(人)	X^2
a:	子どもが在籍している園だから	はい	29	53	32	59	173	9.209*
		いいえ	18	10	6	17	51	
e:	利用しやすい場所だから	はい	13	24	10	21	68	2.507
		いいえ	34	39	28	55	156	
c:	先生が信頼できるから	はい	5	24	13	25	67	11.114*
		いいえ	42	39	24	51	156	
g:	子どもが喜ぶ、楽しめるから	はい	2	26	6	31	65	26.924**
		いいえ	45	37	32	45	159	
b:	サービスの日時が都合に合うから	はい	7	10	10	13	40	2.262
		いいえ	39	53	28	63	183	
d:	友人や知人が一緒だから	はい	4	17	3	8	32	11.721**
		いいえ	43	46	35	68	192	
f:	利用しやすい料金だから、無料だから	はい	4	11	8	7	30	4.933
		いいえ	43	52	30	69	194	
h:	サービス内容に魅力を感じたから	はい	3	2	0	8	13	6.384
		いいえ	44	61	38	67	210	
j:	その他	はい	5	1	2	1	9	7.899
		いいえ	42	62	36	75	215	
i:	なんとなく	はい	0	2	0	1	3	2.76
		いいえ	47	61	38	75	221	

a10. どのような経路でこの園の子育て支援サービスのことを知りましたか？あてはまるものの記号に〇をつけてください。いくつでもかまいません。

　　　a：園の職員からの紹介、説明
　　　b：園内の掲示や配布物
　　　c：園のホームページ
　　　d：園以外の機関の掲示や配布物
　　　e：園のホームページ以外のインターネット情報
　　　f：親族、友人、知人からの口コミ
　　　g：その他

表 5-8. 質問 a10　全体の回答結果

	選択肢	はい	いいえ
a:	園の職員	137	86
b:	園内の掲示	72	151
f:	口コミ	42	181
c:	園サイト	28	195
d:	園外の掲示	27	196
g:	その他	13	209
e:	他のサイト	3	220

表 5-9. 質問 a10　公立・私立、保育所・幼稚園別の回答結果

	選択肢	選択項目	公立保育所	公立幼稚園	私立保育所	私立幼稚園	計(人)	X^2
a:	園の職員からの紹介、説明	はい	22	47	22	45	136	8.536*
		いいえ	23	15	15	30	83	
b:	園内の掲示や配布物	はい	6	26	11	28	71	10.993*
		いいえ	39	36	26	47	148	
f:	親族、友人、知人からの口コミ	はい	6	11	4	20	41	5.531
		いいえ	39	51	33	55	178	
c:	園のホームページ	はい	2	7	2	16	27	9.917*
		いいえ	43	55	35	59	192	
d:	園以外の機関の掲示や配布物	はい	9	5	8	5	27	8.674*
		いいえ	36	57	29	70	192	
g:	その他	はい	5	1	5	2	13	9.596
		いいえ	39	61	32	73	205	
e:	園のホームページ以外のインターネット情報	はい	0	0	1	2	3	2.906
		いいえ	45	62	36	73	216	

その他の回答

　　公立保育所　　・役所窓口（2人）
　　　　　　　　　・病院（1人）
　　公立幼稚園　　・近所の人から（1人）
　　私立保育所　　・役所窓口（1人）
　　　　　　　　　・園の宗教行事（1人）
　　　　　　　　　・職場の人から（1人）
　　私立幼稚園　　・検診時のカウンセラーから（1人）

a11. 子育て支援サービスを2回以上利用されている方のみにお聞きします。継続して利用している理由は何ですか？あてはまるものの記号に○をつけてください。いくつでもかまいません。

　　a: 子どもが在籍している園だから
　　b: サービスの日時が都合に合うから
　　c: 先生が信頼できるから
　　d: 友人、知人も一緒だから
　　e: 利用しやすい場所だから
　　f: 利用しやすい料金だから、無料だから
　　g: 子どもが喜ぶ、楽しめるから
　　h: サービス内容に魅力を感じたから
　　i: なんとなく
　　j: その他

表5-10. 質問a11　全体の回答結果

選択肢		はい	いいえ
a:	在籍園	167	36
g:	喜ぶ	83	120
c:	信頼	77	126
e:	場所	61	142
b:	都合	57	146
f:	料金	38	165
d:	友人	24	179
h:	魅力	13	190
j:	その他	6	197
i:	なんとなく	2	201

表5-11. 質問a11　公立・私立、保育所・幼稚園別の回答結果

選択肢		選択項目	公立保育所	公立幼稚園	私立保育所	私立幼稚園	計(人)	X^2
a:	子どもが在籍している園だから	はい	25	54	26	57	162	10.940*
		いいえ	12	4	6	10	32	
g:	子どもが喜ぶ、楽しめるから	はい	9	34	7	30	80	16.897**
		いいえ	28	24	25	37	114	
c:	先生が信頼できるから	はい	7	32	11	25	75	13.048**
		いいえ	30	26	21	42	119	
e:	利用しやすい場所だから	はい	10	24	9	16	59	4.926
		いいえ	27	34	23	51	135	
b:	サービスの日時が都合に合うから	はい	8	18	11	17	54	1.890
		いいえ	29	40	21	50	140	
f:	利用しやすい料金だから、無料だから	はい	5	14	7	10	36	2.636
		いいえ	32	44	25	57	158	
d:	友人、知人も一緒だから	はい	2	12	3	6	23	6.532
		いいえ	35	46	29	61	171	
h:	サービス内容に魅力を感じたから	はい	2	2	1	8	13	4.677
		いいえ	35	56	31	59	181	
j:	その他	はい	2	0	1	3	6	2.940
		いいえ	35	58	31	64	188	
i:	なんとなく	はい	0	1	0	1	2	1.132
		いいえ	37	57	32	66	192	

a12. 利用している立場から見て、まだ子育て支援サービスを利用していない他の保護者の方にも利用してもらえるようにするためには、どのようなことが必要だと思いますか？あてはまるものの記号に○をつけてください。いくつでもかまいません。

　　a: サービスの日を増やす、時間を長くする
　　b: 保護者と先生との信頼関係をつくる機会を設ける
　　c: 保護者同士のつながりをもつ機会をつくる
　　d: 交通の便をよくする
　　e: 料金を利用しやすいものにする
　　f: サービス内容をさらに充実させる
　　g: サービスの情報提供をさらに積極的に行う
　　h: 行政がより積極的に子育て支援体制を整備する
　　i: その他

表5-12. 質問a12　全体の回答結果

	選択肢	はい	いいえ
e:	料金	109	109
a:	日時	84	134
h:	行政	62	156
f:	内容	56	162
g:	情報提供	54	164
b:	信頼	31	187
c:	つながり	22	196
d:	交通	15	203
i:	その他	9	209

表5-13. 質問a12　公立・私立、保育所・幼稚園別の回答結果

	選択肢	選択項目	公立保育所	公立幼稚園	私立保育所	私立幼稚園	計（人）	X^2
e:	料金を利用しやすい金額にする	はい	12	30	15	50	107	18.309**
		いいえ	31	32	20	24	107	
a:	サービスの日を増やす、時間を長くする	はい	13	24	13	31	81	1.601
		いいえ	30	38	22	43	133	
h:	行政がより積極的に子育て支援体制を整備する	はい	14	15	14	18	61	3.816
		いいえ	29	47	21	56	153	
f:	サービスの内容をさらに充実させる	はい	8	16	8	22	54	1.91
		いいえ	35	46	27	52	160	
g:	子育て支援サービスの情報提供をもっと積極的におこなう	はい	12	18	13	10	53	8.739*
		いいえ	31	44	22	64	161	
b:	保護者と先生との信頼関係をつくる機会を設ける	はい	7	13	3	7	30	4.804
		いいえ	36	49	32	67	184	
c:	保護者同士のつながりをもつ機会をつくる	はい	2	5	6	7	20	3.751
		いいえ	41	57	29	67	194	
d:	交通の便をよくする	はい	3	1	2	9	15	5.875
		いいえ	40	61	33	65	199	
i:	その他	はい	1	3	1	4	9	0.861
		いいえ	42	59	34	70	205	

その他の回答
- 公立保育所　・土日も預かる（1人）
- 公立幼稚園　・病児保育（1人）
  - ・利用時間を選択できるようにする（1人）
  - ・預かり時間を遅くまでにする（1人）
  - ・申し込み時期を遅くする（1人）
- 私立保育所　・利用している保護者の声を積極的に伝える（1人）
- 私立幼稚園　・冬休み、春休みも預かる（1人）
  - ・送迎バスの回数を増やす（1人）

a13. このアンケートを受け取った園以外でも子育て支援サービスを利用している方のみにお聞きします。どのような子育て支援サービスを利用していますか？あてはまるものの記号に○をつけてください。いくつでもかまいません。

- a: 正規時間外の預かり保育（事前に登録や申請をするもの。時間外保育、延長保育、早朝保育など）
- b: 保護者の病気等、一時的に家庭での子育てが困難になったときの保育（臨時に申し込むもの。一時保育、臨時保育など）
- c: 子育てに関する相談、助言（育児相談、カウンセリングなど）
- d: 地域の子どもや保護者が交流を行う場所や機会の提供（子育て広場、園庭開放、イベントなど）
- e: 子育てに関する知識や情報の提供（子育て講座、講演会など）
- f: 保護者を対象とした子育て以外の内容の講座（託児のある趣味の講座など）
- g: その他

表 5-14. 質問 a13　全体の回答結果

	選択肢	はい	いいえ
d:	交流	36	30
a:	時間外預かり	15	51
b:	一時保育	14	52
e:	子育て講座	10	56
c:	相談	9	57
f:	趣味	9	57
g:	その他	3	64

表 5-15. 質問 a13　公立・私立、保育所・幼稚園別の回答結果

	選択肢	選択項目	公立保育所	公立幼稚園	私立保育所	私立幼稚園	計(人)	X^2
d:	地域の子どもや保護者が交流をおこなう場所や機会の提供	はい	9	8	6	12	35	0.819
		いいえ	8	8	6	7	29	
a:	正規時間外の預かり保育	はい	3	5	2	4	14	1.199
		いいえ	14	11	10	15	50	
b:	保護者の病気等、一時的に家庭での子育てが困難になった時の保育	はい	3	2	5	4	14	3.759
		いいえ	14	14	7	15	50	
e:	子育てに関する知識や情報の提供	はい	0	2	4	4	10	—
		いいえ	17	14	8	15	54	
c:	子育てに関する相談や助言	はい	2	1	4	2	9	4.766
		いいえ	15	15	8	17	55	
f:	保護者を対象とした子育て以外の内容の講座（託児のある趣味の講座など）	はい	1	2	4	2	9	4.858
		いいえ	16	14	8	17	55	
g:	その他	はい	1	0	1	1	3	—
		いいえ	16	16	12	18	62	

a14. 「子育て支援」や本調査について、ご意見・感想等がございましたら自由にお書きください。

公立保育所
・離乳食、身体測定の相談の場が欲しい
・乳児医療打ち切りがショック
・行政が子育て支援をして欲しい
・日祭の保育を希望
・一時保育受け入れの充実
・今回の調査結果を知りたい
・近くで子育て支援をして欲しい

公立幼稚園
・預かり保育の具体的サービス内容を詳しく知らせて欲しい
・住んでいる区のサービスに満足している
・民間の支援サービスを利用している
・幼稚園の預かり保育の充実を望む
・室内の遊び場が欲しい
・入園前の子育て支援を増やして欲しい
・今回の調査結果を知りたい
・料金を上げても良いので学習を取り入れて欲しい
・乳児期前半は情報が得にくい
・自然育児を希望

私立保育所
・休みをなしにして欲しい
・病児保育
・在住地域近隣の幼稚園の子育て支援が充実していて良い
・乳児期前半は情報が得にくい
・高校生にも育児体験をして欲しい

私立幼稚園
・身近に頼れる支援
・低料金
・夏休み、春休みの預かり
・政府に未来を見据えた本当の意味の子育て支援の充実を望む
・病児保育
・幼稚園の預かり保育の充実を望む

2. 子育て支援サービスを利用していない方への質問

b6. 子育て支援サービスを利用していない理由は何ですか？あてはまるものの記号に○をつけてください。いくつでもかまいません。

a: 今のところ必要性を感じないから
b: サービスの日時が都合に合わないから
c: 担当の先生を知らないから
d: 知っている人が利用していないから
e: 交通の便が悪いから
f: 利用しにくい料金だから
g: サービスのことを知らないから
h: サービス内容に魅力を感じないから
i: とくに理由はない
j: その他

表 5-16. 質問 b6　全体の回答結果

		はい	いいえ
a:	必要ない	183	85
g:	知らない	54	215
i:	理由なし	33	236
b:	都合	25	243
j:	その他	17	250
f:	料金	14	255
c:	先生	6	263
d:	知人	6	263
e:	交通	6	263
h:	魅力	5	264

表 5-17. 質問 b6　公立・私立、保育所・幼稚園別の回答結果

選択肢		選択項目	公立保育所	公立幼稚園	私立保育所	私立幼稚園	計(人)	χ^2
a:	今のところ必要性を感じないから	はい	58	27	43	55	183	7.465
		いいえ	21	24	16	22	83	
g:	サービスのことを知らないから	はい	19	11	16	7	53	8.421*
		いいえ	61	40	43	70	214	
i:	とくに理由はない	はい	7	7	9	10	33	1.534
		いいえ	73	44	50	67	234	
b:	サービスの日時が都合に合わないから	はい	14	1	4	5	24	11.343**
		いいえ	65	50	55	72	242	
j:	その他	はい	2	11	0	4	17	13.128**
		いいえ	78	39	58	73	248	
f:	利用しにくい料金だから	はい	7	0	1	6	14	7.304
		いいえ	73	51	58	71	253	
c:	担当の先生を知らないから	はい	2	2	0	2	6	2.073
		いいえ	78	49	59	75	261	
d:	知っている人が利用していないから	はい	3	0	2	1	6	2.661
		いいえ	77	51	57	76	261	
e:	交通の便が悪いから	はい	2	0	0	4	6	5.598
		いいえ	78	51	59	73	261	
h:	サービス内容に魅力を感じないから	はい	2	1	1	1	5	0.322
		いいえ	78	50	58	76	262	

その他の回答

公立保育所　・たまに利用（1人）

　　　　　　・平日参加が不可能（1人）

公立幼稚園　・対象年齢でない、実施されていない（9人）

　　　　　　・仕事が時短になった、1ヶ月単位の延長料金は使いにくい（1人）

私立幼稚園　・預けたくない（1人）

　　　　　　・子どもが行きたがらない（1人）

　　　　　　・祖母がいるので必要なし（1人）

　　　　　　・他を利用（1人）

　　　　　　・下に兄弟がいるため（1人）

b7. このアンケートを受け取った園で、どのような子育て支援サービスがあれば利用したいと思いますか？あてはまるものの記号に○をつけてください。いくつでもかまいません。

a: 正規時間外の預かり保育（事前に登録や申請をするもの。時間外保育、延長保育、早朝保育など）
b: 保護者の病気等、一時的に家庭での子育てが困難になったときの保育（臨時に申し込むもの。一時保育、臨時保育など）
c: 子育てに関する相談、助言（育児相談、カウンセリングなど）
d: 地域の子どもや保護者が交流を行う場所や機会の提供（子育て広場、園庭開放、イベントなど）
e: 子育てに関する知識や情報の提供（子育て講座、講演会など）
f: 保護者を対象とした子育て以外の内容の講座（託児のある趣味の講座など）
g: その他

表 5-18. 質問 b7　全体の回答結果

		はい	いいえ
b:	一時保育	132	104
a:	時間外預かり	87	148
f:	趣味	53	183
d:	交流	44	192
c:	相談	43	193
e:	講座	43	193
g:	その他	14	222

表 5-19. 質問 b7　公立・私立、保育所・幼稚園別の回答結果

	選択肢	選択項目	公立保育所	公立幼稚園	私立保育所	私立幼稚園	計（人）	χ^2
b:	保護者の病気等、一時的に家庭での子育てが困難になった時の保育	はい	38	28	28	38	132	0.514
		いいえ	32	20	19	32	103	
a:	正規時間外の預かり保育	はい	22	27	13	25	87	10.191*
		いいえ	47	21	34	45	147	
f:	保護者を対象とした子育て以外の内容の講座（託児のある趣味の講座など）	はい	15	8	10	20	53	2.498
		いいえ	55	40	37	50	182	
d:	地域の子どもや保護者が交流をおこなう場所や機会の提供	はい	9	11	8	15	43	2.581
		いいえ	61	37	39	55	192	
c:	子育てに関する相談や助言	はい	16	12	6	9	43	4.764
		いいえ	54	36	41	61	192	
e:	子育てに関する知識や情報の提供	はい	11	10	12	10	43	2.918
		いいえ	59	38	35	60	192	
g:	その他	はい	3	1	6	4	14	5.531
		いいえ	67	47	41	66	221	

その他の回答

　　公立保育所　　・病児保育（2人）
　　　　　　　　　・希望者に月謝制の習い事（1人）
　　公立幼稚園　　・バザー（1人）
　　私立保育所　　・病児保育（1人）
　　　　　　　　　・ひらがなの習い事（1人）
　　　　　　　　　・日祝休園の託児（1人）
　　　　　　　　　・正規以外の預かり（1人）
　　私立幼稚園　　・病児保育（1人）
　　　　　　　　　・送迎バス（1人）
　　　　　　　　　・リトミックや英語の習い事（1人）

b8. このアンケートを受け取った園以外で子育て支援サービスを利用している方のみにお聞きします。どのような子育て支援サービスを利用していますか？あてはまるものの記号に○をつけてください。いくつでもかまいません。

　　a: 正規時間外の預かり保育（事前に登録や申請をするもの。時間外保育、延長保育、早朝保育など）
　　b: 保護者の病気等、一時的に家庭での子育てが困難になったときの保育（臨時に申し込むもの。一時保育、臨時保育など）
　　c: 子育てに関する相談、助言（育児相談、カウンセリングなど）
　　d: 地域の子どもや保護者が交流を行う場所や機会の提供（子育て広場、園庭開放、イベントなど）
　　e: 子育てに関する知識や情報の提供（子育て講座、講演会など）
　　f: 保護者を対象とした子育て以外の内容の講座（託児のある趣味の講座など）
　　g: その他

表 5-20. 質問 b8　全体の回答結果

		はい	いいえ
d:	交流	13	4
a:	時間外預かり	5	12
b:	一時保育	3	14
e:	講座	2	15
c:	相談	1	16
f:	趣味	1	16
g:	その他	0	17

表 5-21. 質問 b8　公立・私立、保育所・幼稚園別の回答結果

	選択肢	選択項目	公立保育所	公立幼稚園	私立保育所	私立幼稚園	計（人）	X^2
d:	地域の子どもや保護者が交流をおこなう場所や機会の提供	はい	2	2	1	8	13	－
		いいえ	3	1	0	0	4	
a:	正規時間外の預かり保育	はい	3	0	0	2	5	－
		いいえ	2	3	1	6	12	
b:	保護者の病気等、一時的に家庭での子育てが困難になった時の保育	はい	2	0	0	1	3	－
		いいえ	3	3	1	7	14	
e:	子育てに関する知識や情報の提供	はい	1	1	0	0	2	－
		いいえ	4	2	1	8	15	
c:	子育てに関する相談や助言	はい	0	0	0	1	1	－
		いいえ	5	3	1	7	16	
f:	保護者を対象とした子育て以外の内容の講座（託児のある趣味の講座など）	はい	0	0	0	1	1	－
		いいえ	5	3	1	7	16	
g:	その他	はい	0	0	0	0	0	－
		いいえ	5	3	1	8	17	

b9. 「子育て支援」や本調査について、ご意見・感想等がございましたら自由にお書きください。

公立保育所
・ゆったり子育ての出来る環境が欲しい
・制度があっても実際は利用出来ない、地域交流はよいと思う
・情報提供、サービス内容を明確に
・今回のアンケートを通して公的機関とのパイプ役になって欲しい
・延長保育時間の充実

公立幼稚園
・子育て支援の内容がわかりにくい、情報が欲しい
・預かり保育を早く利用したい

私立保育所
・家に閉じこもってしまう
・子どもがいると働きにくい
・一時保育を増やして欲しい
・病児保育の低料金化
・学童保育の情報が欲しい
・月齢別予防接種などの資料が欲しい
・子育て支援がわかりにくい

私立幼稚園
・夏休みなど安心して預ける場が欲しい
・子どもを預けることには反対
・公立保育園増園希望
・子育て支援を利用出来ない者もいることを分かって欲しい
・低料金で1時間から預かって欲しい
・2歳から就園までの開放スペースが欲しい

3. 子育て支援活動責任者への質問

> 2. 貴園ではどのような子育て支援活動を行っていますか？あてはまるものの記号に○をつけてください。いくつでもかまいません。
>
>   a: 正規時間外の預かり保育（事前に登録や申請をするもの。時間外保育、延長保育、早朝保育など）
>   b: 保護者の病気等、一時的に家庭での子育てが困難になったときの保育（臨時に申し込むもの。一時保育、臨時保育など）
>   c: 子育てに関する相談、助言（育児相談、カウンセリングなど）
>   d: 地域の子どもや保護者が交流を行う場所や機会の提供（子育て広場、園庭開放、イベントなど）
>   e: 子育てに関する知識や情報の提供（子育て講座、講演会など）
>   f: 保護者を対象とした子育て以外の内容の講座（託児のある趣味の講座など）
>   g: その他

表 5-22. 項目 2　全体の回答結果

	選択肢	あり	なし
c:	相談	18	0
d:	交流	17	1
a:	時間外預かり	14	4
e:	講座	11	7
f:	趣味	5	13
g:	その他	3	15
b:	一時保育	2	16

表 5-23. 項目 2　公立・私立、保育所・幼稚園別の回答結果

	選択肢	選択項目	公立保育所	公立幼稚園	私立保育所	私立幼稚園	計（人）
c:	子育てに関する相談や助言	あり	7	7	3	1	18
		なし	0	0	0	0	0
d:	地域の子どもや保護者が交流をおこなう場所や機会の提供	あり	7	7	2	1	17
		なし	0	0	1	0	1
a:	正規時間外の預かり保育（事前に登録や申請をするもの。時間外保育、延長保育、早期保育など）	あり	4	7	2	1	14
		なし	3	0	1	0	4
e:	子育てに関する知識や情報の提供	あり	2	7	1	1	11
		なし	5	0	2	0	7
f:	保護者を対象とした子育て以外の内容の講座（託児のある趣味の講座など）	あり	0	5	0	0	5
		なし	7	2	3	1	13
g:	その他	あり	1	0	2	0	3
		なし	6	7	1	1	15
b:	保護者の病気等、一時的に家庭での子育てが困難になった時の保育	あり	0	2	0	0	2
		なし	7	5	3	1	16

謝　辞

　はじめに、アンケート調査にご協力いただいた保育所・幼稚園の保護者のみなさま、先生方に心より感謝申し上げます。公立園でのアンケートの実施に際しては、大阪府下の自治体職員の方々にもご協力いただきました。ありがとうございました。

　今回の双書出版にあたり、学校法人城南学園理事長・常務理事、また研究所所長である大阪総合保育大学学長の多大なるご支援をいただきました。深く感謝申し上げます。

　最後になりましたが、出版にあたり、ふくろう出版　友野印刷会社　学術図書事業部　亀山裕幸氏ならびに編集部のみなさまにはひとかたならぬお世話になりました。ここに感謝御礼申し上げます。

平成 26 年 12 月

大阪総合保育大学総合保育研究所　子育て支援プロジェクト一同

監修・執筆者紹介

【監　修】
渡辺　俊太郎
　　　総合保育研究所研究員・大阪総合保育大学児童保育学部　准教授

【著　者】
大阪総合保育大学総合保育研究所　子育て支援プロジェクト

分担執筆者
第1章　渡辺　俊太郎　　前掲
第2章　馬場　住子
　　　　　総合保育研究所研究員・園田学園女子大学短期大学部幼児教育学科　助教
　　　藤田　朋己
　　　　　総合保育研究所研究員・大阪総合保育大学児童保育学部　准教授
第3章　渡辺　俊太郎　　前掲
　　　藤田　朋己　　前掲
　　　佐伯　知子
　　　　　総合保育研究所研究員・大阪総合保育大学児童保育学部　准教授
　　　要　正子
　　　　　総合保育研究所研究員・大阪総合保育大学児童保育学部　専任講師
　　　矢野　正
　　　　　総合保育研究所研究員・名古屋経済大学人間生活科学部　教授
第4章　要　正子　　前掲
　　　佐伯　知子　　前掲
　　　渡辺　俊太郎　　前掲
コラム　石森　弥生
　　　　　総合保育研究所客員研究員・あびこひかり保育園　園長
　　　木村　美根子
　　　　　総合保育研究所客員研究員・大阪市立常盤幼稚園　園長
　　　阪上　節子
　　　　　総合保育研究所客員研究員・大和大学教育学部　専任講師
　　　大槻　雅俊
　　　　　総合保育研究所客員研究員・大阪成蹊短期大学幼児教育学科　教授

　　　　　小林　陽之助
　　　　　　　総合保育研究所研究員・大阪総合保育大学児童保育学部　教授
　　　　　小西　由紀子
　　　　　　　総合保育研究所客員研究員・子ども総合保育センター　講師
　　　　　小林　芳郎
　　　　　　　総合保育研究所研究員・大阪総合保育大学児童保育学部　教授
巻末資料　藤田　朋己　　前掲
　　　　　渡辺　俊太郎　前掲
　　　　　馬場　住子　　前掲
　　　　　矢野　正　　　前掲

研究協力者
　　　　　山口　加津子
　　　　　　　総合保育研究所客員研究員・大阪市立愛珠幼稚園　園長
　　　　　辰巳　正信
　　　　　　　総合保育研究所客員研究員・長池幼稚園　園長
　　　　　市田　守男
　　　　　　　総合保育研究所客員研究員・学校法人森岡学園　理事長
　　　　　今川　公平
　　　　　　　総合保育研究所客員研究員・木の実幼稚園　園長
　　　　　玉置　哲淳
　　　　　　　総合保育研究所研究員・大阪総合保育大学児童保育学部　教授
　　　　　滝澤　聖悟
　　　　　　　総合保育研究所客員研究員・長尾幼稚園　教諭
　　　　　楠　佳津宏
　　　　　　　総合保育研究所客員研究員・南河学園附属国分保育園　保育士
　　　　　寺田　沙織
　　　　　　　総合保育研究所客員研究員・長尾保育園　保育士

イラスト
　　　　　中元　レナ
　　　　　　　大阪総合保育大学児童保育学部　学生

JCOPY 〈(社)出版者著作権管理機構 委託出版物〉

本書の無断複写(電子化を含む)は著作権法上での例外を除き禁じられています。本書をコピーされる場合は、そのつど事前に(社)出版者著作権管理機構(電話 03-3513-6969、FAX 03-3513-6979、e-mail: info@jcopy.or.jp)の許諾を得てください。
また本書を代行業者等の第三者に依頼してスキャンやデジタル化することは、たとえ個人や家庭内での利用であっても著作権法上認められておりません。

総合保育双書4
子育て支援の いま と これから
~大阪府下の保育所・幼稚園での実態調査から~

2015年3月25日 初版発行

| 編　著 | 大阪総合保育大学
総合保育研究所子育て支援
プロジェクト |

| 発　行 | ふくろう出版
〒700-0035　岡山市北区高柳西町1-23
友野印刷ビル
TEL：086-255-2181
FAX：086-255-6324
http://www.296.jp
e-mail：info@296.jp
振替　01310-8-95147 |

印刷・製本　友野印刷株式会社
ISBN978-4-86186-648-7 C3037　 © 2015
定価は表紙に表示してあります。乱丁・落丁はお取り替えいたします。